나무 문해력

초등 3학년

나무 문해력 초등 3학년:
국어 수학 사회 과학

초판 발행일   2024년 1월 8일

지은이   윤병무
디자인기획   오진경
펴낸곳   국수

등록번호   제2018-000158호
주소   경기도 고양시 일산동구 진밭로 36-124
전화   (031) 908-9293
팩스   (031) 8056-9294
전자우편   songwriter@kuksu.kr

ⓒ 윤병무, 2024, Printed in Goyangsi, Korea

ISBN 979-11-90499-53-8   74080
ISBN 979-11-90499-51-4   (세트)

책값은 뒤표지에 쓰여 있습니다.
이 책의 저작권은 지은이에게, 출판권은 '국수'에 있습니다.
이 책 내용의 전부는 물론이고 일부라도 재사용하려면 반드시 '국수'의 동의를 얻어야 합니다.
잘못 만들어진 책은 구입하신 서점에서 교환해드립니다.
이 책에 사용한 그림, 사진은 대부분 Freepik에서 제공받았습니다.

나무 문해력

초등
3학년

국어
수학
사회
과학

윤병무 지음

국수

지은이의 말

표준국어대사전에 나와 있는 '독해력'과 '문해력'의 뜻은 비슷합니다. 독해력은 '글을 읽어서 뜻을 이해하는 능력'이고, 문해력은 '글을 읽고 이해하는 능력'입니다. 독해력(讀解力)과 문해력(文解力)을 한자 뜻으로만 정의한 것입니다. 하지만 영어로는 독해력은 일반적으로 reading ability이며, 문해력은 literacy입니다. 그래서 영어로 독해력은 '읽기 능력'입니다. 그럼, 영어로 문해력은 무엇일까요? 옥스퍼드 영어 사전에 literacy는 '글을 읽고 쓸 줄 아는 능력'이라고 나와 있습니다. 하지만 최근에는 그냥 한글만으로도 쓰는 리터러시(literacy)의 개념은 그렇게 간단하지 않습니다.

리터러시(literacy), 즉 문해력 개념이 왜 간단하지 않은지 살펴보겠습니다. 첫째, '글을 읽는 활동'은 독자에게 '글의 내용을 이해하는 것'이 기본 목적입니다. 그래서 문해력의 첫 번째 의미는 '글을 이해하기'입니다. 둘째, '글을 읽는 활동'은 독자에게 생각 거리를 줍니다. 글의 내용이 옳은지 그른지를 판단하게 하고, 글이 나아간 한계를 알아차리게 하고, 때로는 글의 내용을 비판도 하게 합니다. 그래서 문해력의 두 번째 의미는 '글을 판단하기'입니다. 셋째, '글을 읽는 활동'은 독자에게 읽는 글을 여러 모로 사용할 기회를 줍니다. 글의 일부를 독자가 쓸 글에 인용하고 싶게 하기도 하며, 글 내용에 정보 가치가 있으면 누군가와의 대화에서 그것을 말하고 싶게 하기도 합니다. 그래서 문해력의 세 번째 의미는 '글을 사용하기'입니다. 넷째, '글을 읽는 활동'은 독자에게 글에 대하여 참여하게 합니다. 누리 소통망(SNS)에 글을 읽은 소감을 쓰거나, 학교에 제출할 보고서를 쓰는 활동이 그 사례가 되겠습니다. 그래서 문해력의 네 번째 의미는 '글로써 참여하기'입니다.

이렇게 문해력의 개념은 마치 네 갈래로 나뭇가지를 뻗은 나무와 같습니다. 그런데 방금 얘기한 문해력의 네 가지 개념은 제가 독창적으로 생각하여 구분 지은 것이 아닙니다. 네 가지 개념의 의미는 제가 밝혔지만, 그 네 가지 구분은 2013년에 경제협력개발기구(OECD)에서 정의한 내용입니다. 즉 "문해력이란 글을 이해하고 판단하고 사용하고 참여하는 능력이다."(OECD, *OECD Skills Outlook 2013: First Results from the Survey of Adult Skills*, p. 59)라고 OECD는 국가별 국민들의 문해력 조사 결과를 발표하는 자료에서 문해력을 이렇게 정의했습니다. 이 정의는 '문해력' 책을 계획하며 궁리하던 저를 공감시켰습니다. 문해력이 그저 '글을 읽고 이해하는 능력'에 그친다면, 그것은 '독해력'과 별반 다르지 않은 개념일 텝니다. 그리고 문해력을 그렇게 협소한 뜻으로만 삼는다면 그런 태도는, 부디 이제는 우리 교육 사회가 버려야 할 주입식 교육, 수동적 학습, 상대 평가를 연장시킬 따름일 것입니다. 그래서 저는 저의 문해력 책을 1차원적 개념으로 집필하고 싶지 않았습니다.

저의 '나무 문해력' 책은 기본은 OECD의 정의에 따라 구성했습니다. 즉, 이 책의 독자가 주어진 글(지문)을 이해하는 활동, 그 글을 판단하는 활동, 그 글을 사용하는 활동, 그 글에 참여하는 활동을 하도록 편성했습니다. 각 장의 지문은 현행 초등 국어, 수학, 사회, 과학의 단원별 핵심 지식을 담고 있습니다. 그 지문들을 독자가 이해하고, 판단하고, 사용하고, 참여하도록 글마다 네 단계의 질문을 내놓았습니다. 그리고 어린이 독자의 문해력 향상을 위한 창발적 방법론을 제시했습니다. 그것이 이 책의 제목이 된 '나무 문해력'입니다. '나무 문해력'은 글의 내용을 그림으로 이해하는 방법론입니다. 즉, 독자에게 글의 진행을 나뭇가지로 그릴 수 있도록 하여 글의 내용을 맥락으로 이해할 수 있게 하는 방법입니다. 그러니 독자 여러분은 우선 지문을 읽고, 지문에 딸린 나무 그림을 보고, 다시 그 지문 내용을 비교하고 확인하면서 '나무 문해력'을 익히기 바랍니다.

'답' 중에는 '정답'도 있고 '오답'도 있고, '적절한 답'도 있고 '부적절한 답'도 있습니다. 이 얘기는, 질문 중에는 '정답/오답'이 있는 질문도 있고, '적절한 답/부적절한 답'이 있는 질문도 있다는 말이기도 합니다. 그래서 모든 '답'은 '질문'을 따라다닙니다. 어떤 '질문'이냐에 따라 '답'은 '정답/오답' 또는 '적절한 답/부적절한 답'으로 나뉜다는 말입니다. 그중 '정답/오답'은 우리에게 익숙합니다. '적절한 답/부적절한 답'은 우리에게 낯섭니다. 이 책의 질문 중에서 일부는 '적절한 답/부적절한 답'으로 구분될 문제입니다. '참여하기' 질문이 주로 그렇습니다. '참여하기'의 뜻은 '어떤 일에 끼어들어 관계하기'입니다. 그러니, '참여하기'에는 '정답/오답'보다는 '적절한 답/부적절한 답'이 자연스럽습니다. 저는 '어떻게 참여하느냐'에 따라 문해력의 수준과 실력이 형성된다고 생각합니다. 우리는 이미 AI의 일사천리 대답을 듣는 시대에 살고 있습니다. 그런데 AI의 대답은 질문을 어떻게 하느냐에 따라 다르게 인출됩니다. 그러다 보니 오늘날은 질문하는 시대가 되었습니다. 질문은 참여하는 활동입니다. 이 책의 '참여하기' 활동은 적절히 대답하는 능력뿐만 아니라 적절히 질문하는 능력도 키워 주리라고 생각합니다.

추천의 말

이형래

『읽었다는 착각』, 『문해력 교과서』 공저자
서울대학교 사범대학 부속 초등학교 교장 역임

　지난해 나는 이 책의 저자가 쓴 '로로로 초등 시리즈'를 읽었다. 깜짝 놀랐다. 초등 국어 교과서 집필 및 여러 교육, 연구 활동을 수십 년간 전념해 온 내가 문학(동시, 수필)으로 융합 교육을 성취한 '로로로 초등 시리즈'를 읽고 경이감을 느끼지 않을 수 없었다. 20권의 그 시리즈는 세계 어느 나라에 내놓아도 환영 받을 만큼 초등 교육의 방법론을 확장시켰기 때문이다. 즉, 이 시리즈는 초등학교에서 가르치는 국어, 수학, 사회, 과학 지식을 동시와 수필로 재밌게 풀어 쓴 독창적인 교재이다. 이것이 어떻게 가능했을까? 궁금함을 참지 못해 윤병무 작가에게 연락해 20분간 통화하고도 부족해 다섯 시간을 만났다. 아니나 다를까, 그는 우리나라 교육이 나아가야 할 길을 선진적으로 짚어낸 지성인이었다.

　그런 그가 이번에는 초등학생을 위한 '문해력' 책을 펴냈다. 문해력 책이라면 초등 교육 전문가인 나도 여러 권 저술했기에 윤병무 작가의 문해력 책은 어떨까 궁금했다. 제목도 독특한 '나무 문해력' 시리즈는 또 한번 나를 흐뭇이 웃게 했다. 그렇다. 글의 줄기를 구조적으로 읽어 내는 습관은 분명히 독자의 문해력을 단단하게 해 줄 것이다. 윤병무 작가는 이번에도 고개를 끄덕이게 했다. 어린이 독자가 이 '나무 문해력'을 익히면 어떤 글이든 맥락으로 이해하는 능력을 갖게 될 것이다.

2024년부터 3년에 걸쳐 학교 현장에 순차적으로 적용되는 '2022 개정 교육과정'의 화두는 '문해력'이다. 그래서 문해력은 이미 교사와 학부모의 큰 관심사가 되었다. 왜 교육부는 '문해력'을 이번 교육과정의 큰 과제로 삼았을까? 진짜 문해력은 단순히 '글을 읽고 이해하는 능력'에 그치지 않는다. 오늘날 우리는 미디어의 환경이 드넓어진 세상에서 정보를 주고받고 있으며, AI에게 질문하는 문화 속에서 살아가고 있다. 그러므로 오늘날의 교육은 더 폭넓은 미디어를 이해하고 확인하고 점검하는 능력으로서의 문해력을 갖출 것을 요구하고 있다. 그런 의미에서 '나무 문해력'은 그 준비가 되어 있다. 이 책은 독자에게 글을 구조적으로 이해하고, 자발적 논리로 판단하고, 넓게 사용하고, 의견으로써 참여하게 하여 문해력을 입체적으로 익힐 수 있게끔 이끌어 주고 있다. 이렇게, 윤병무 작가는 이번에도 전혀 새로운 방법론인 '나무 문해력'을 개발하여 신선한 선진 교육의 본보기를 보여주었다. 이 시리즈를 적극 추천한다.

이 책의 구성

지문 읽기

초등 교과목의 단원별 핵심 지식을 산문으로 풀어 쓴 글입니다.
길지 않은 각각의 산문을 읽으면 과목별 교과서의 주요 내용을 서술적으로 학습할 수 있습니다.

나무 문해력 익히기

이 책의 '나무 문해력 익히기'는 다른 문해력 책들과 분명히 차별화한 기획입니다. '나무 문해력'은 글을 맥락으로 이해하는 방법입니다. 즉, 나무 문해력은 독자가 글 내용의 요소를 나무 모양으로 그려 가며 구조화시켜서 글의 짜임을 파악하는 인지 활동입니다. '나무 문해력'을 잘 익히면 어떤 글이든 나무 그림으로 이해할 수 있을 것입니다.

**문해력
테스트**

이해하기
판단하기
사용하기
참여하기

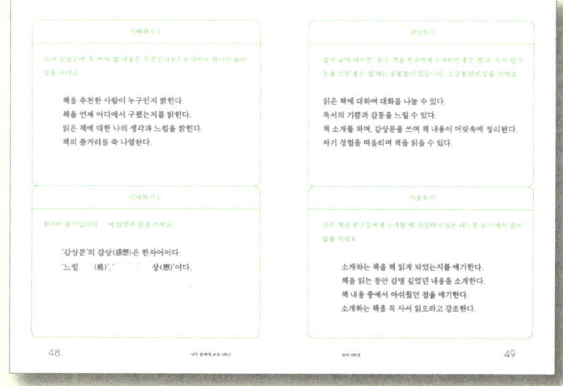

지문들에 대한 문해력 테스트입니다. 독자가 글의 내용을
이해하는지, 글을 어떻게 판단하는지, 글을 변형한 질문에
어떻게 답하는지, 글에서 비롯한 질문에 어떻게 서술하는지를
하나하나 테스트합니다. 테스트는 장마다 '이해하기 1,
이해하기 2, 판단하기, 사용하기, 참여하기' 부문으로 구성되어
있습니다.

해답

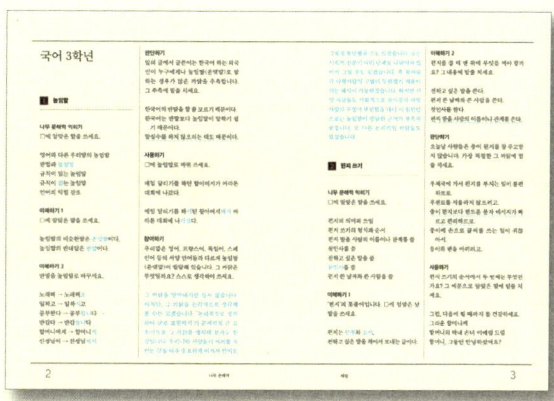

'정답'이 아닌 '해답'입니다.
'이해하기, 판단하기, 사용하기'의
질문은 옳은 답을 밝혔지만,
'참여하기'의 질문은 '적절한
답'에 가까운 조언을 써 놓았기
때문입니다. 이 책의 저자는,
'깊은' 문해력은 닫혀 있지 않다고
믿습니다.

차례

지은이의 말   6

추천의 말   10

국어 3학년

1. 높임말   19
2. 편지 쓰기   27
3. 어떤 일이 일어난 까닭   35
4. 책을 소개하고 독서 감상문 쓰기   43

수학 3학년

5. 평면도형의 요소들   53
6. 나눗셈   61
7. 분수와 소수   69
8. 지름과 반지름이 있는 평면도형   79

사회 3학년

- ⑨ 다양하게 나타낸 고장의 모습　89
- ⑩ 고장의 문화유산　99
- ⑪ 옛날과 오늘날의 통신 수단　107
- ⑫ 자연환경에 따른 의식주 생활　115

과학 3학년

- ⑬ 동물의 한살이　127
- ⑭ 자석의 양극　135
- ⑮ 달에는 없고 지구에는 있는 것　143
- ⑯ 지표의 변화　151

해답　159

국어

3학년

1

높임말

국어 3학년

우리말에는 높임말이 있습니다. 영어는 웃어른께 하는 말과 친구에게 하는 말이 같지만, 우리말은 그렇지 않습니다. 우리는 친구에게는 "너, 국수 먹을래?"라고 말하지만, 웃어른께는 "할아버지, 국수 드실래요?"라고 말씀 드립니다. 그래서 외국인이 우리말을 배울 때 힘들어합니다. 말의 내용은 같아도 상대에 따라 알맞게 표현해야 하기 때문입니다. 잘못 표현하면 예의 없는 사람이 되어 버리니까요. 그래서인지 한국어를 하는 외국인들은 누구에게나 높임말(존댓말)로 말하는 경우가 많습니다. 실례할 일을 아예 만들지 않기 위함인가 봅니다.

국수 드실래요?

높임말은 존댓말과 비슷한말입니다. 높임말의 반대말은 '반말'입니다. 반말은 친구처럼 친한 사이이거나, 손아랫사람에게 하는 말입니다. '반말'의 '반' 자는 한자입니다. '절반 반(半)'입니다. 재미있습니다. 한자대로 뜻풀이하면, '말을 절반만 하는 것'이니까요. 그 기준은 '높임말'입니다. 높임말로는 "정말요?"를 반말로는 "정말?"이라고 해서 그런가 봅니다. 그 얘기는 반말에 상대를 높이는 표현을 덧붙이거나, 반말을 높임말로 바꾸면 높임말이 된다는 뜻이기도 합니다. 이를테면, '- 요, - 시 -, - 합니 -, - 습니 -, - 입니 -, - 께, - 께서' 등의 끝말이 높임말로 쓰입니다. 예를 들면, 노래해(노래해요), 일하(시)고, 공부한다(공부합니다), 반갑다(반갑습니다), 책이다(책입니다), 할머니에게(할머니께), 선생님이(선생님께서)가 그렇습니다.

노래해요!

하지만 높임말에는 이런 규칙만 있는 것은 아닙니다. 그래서 높임말 표현은 간단하지 않습니다. 같은 뜻이어도 전혀 다른 말로 바꾸어야 하는 경우가 많기 때문입니다. 예를 들면, 말(말씀), 집(댁), 나이(연세), 밥(진지), 생일(생신), 딸(따님), 아들(아드님), 어머니(어머님), 아버지(아버님), 이름(성함), 먹다(드시다, 잡수시다), 주다(드리다), 자다(주무시다), 아프다(편찮으시다), 만나다(뵙다), 묻다(여쭙다), 있다(계시다)처럼 아예 높임말로 바꾸어야 하는 말은 꽤 많습니다.

그래서 높임말을 알맞게 하려면 높임말로 쓰는 낱말들을 배우고 익혀야 합니다. '익히다'의 뜻은 '자주 경험하여 서투르지 않다.'입니다. 배운 말도 자주 사용하지 않으면 잊어버립니다. 그래서 언어 사용을 잘하려면 익혀야 합니다.

나무 문해력 익히기

□에 알맞은 말을 쓰세요.

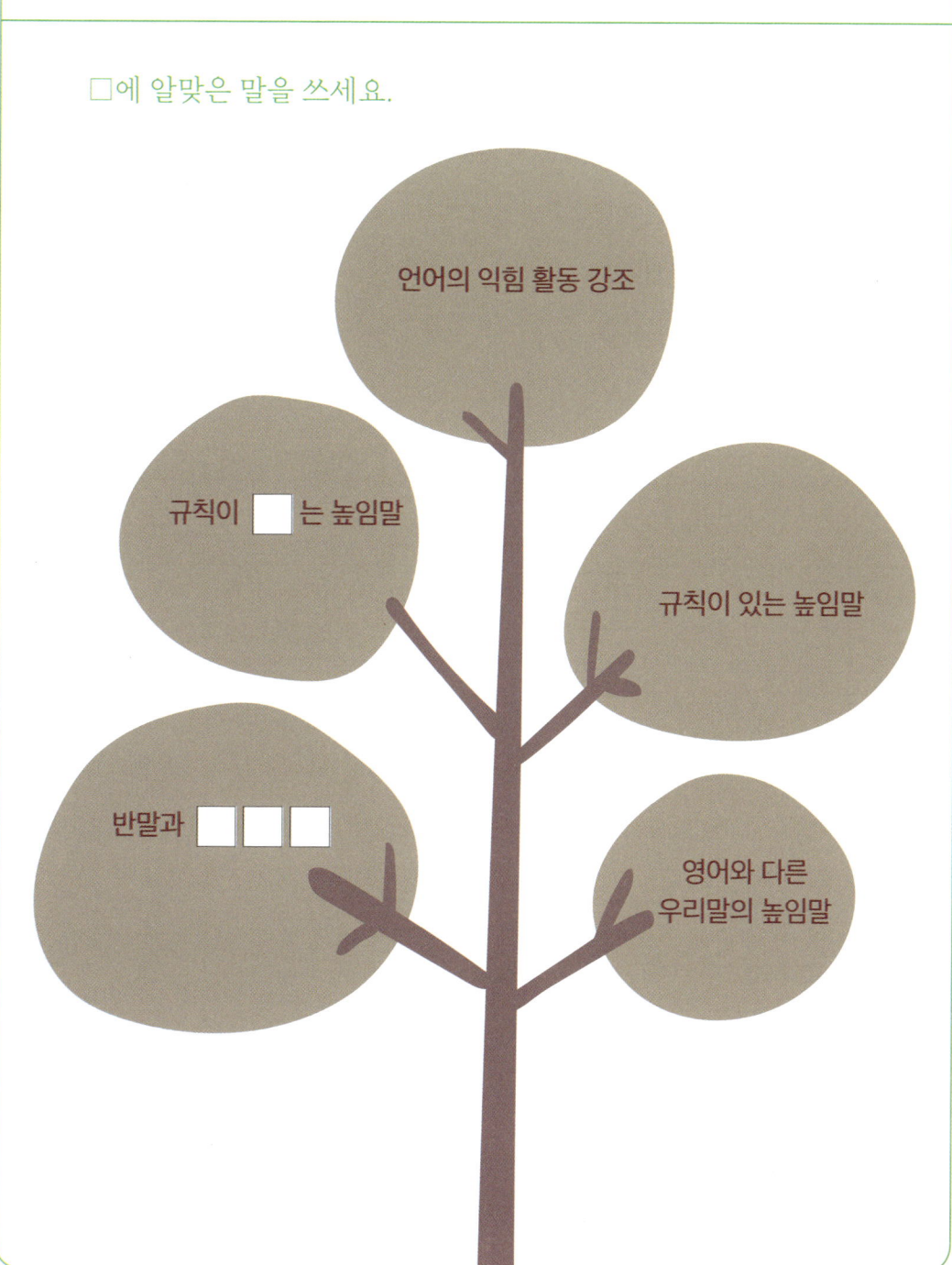

이해하기 1

□에 알맞은 말을 쓰세요.

높임말의 비슷한말은 □□□이다.
높임말의 반대말은 □□이다.

이해하기 2

반말을 높임말로 바꾸세요.

노래해 → 노래해 □
일하고 → 일하 □ 고
공부한다 → 공부 □□ 다
반갑다 → 반갑 □□ 다
할머니에게 → 할머니 □
선생님이 → 선생님 □□

판단하기

앞의 글에서 글쓴이는 한국어 하는 외국인이 누구에게나 높임말(존댓말)로 말하는 경우가 많은 까닭을 추측합니다. 그 추측에 밑줄 치세요.

한국어의 반말을 할 줄 모르기 때문이다.
한국어는 반말보다 높임말이 말하기 쉽기 때문이다.
말실수를 하지 않으려는 태도 때문이다.

사용하기

□에 높임말로 바꿔 쓰세요.

매일 달리기를 하던 할아버지가 마라톤 대회에 나갔다.

매일 달리기를 하□던 할아버지□□ 마라톤 대회에 나□□다.

참여하기

우리말은 영어, 프랑스어, 독일어, 스페인어 등의 서양 언어들과 다르게 높임말(존댓말)이 발달해 있습니다. 그 까닭은 무엇일까요? 스스로 생각하여 쓰세요.

2

편지 쓰기

국어 3학년

편지는 안부와 소식, 전하고 싶은 말을 적어서 보내는 글입니다. 원래 편지는 멀리 있는 사람과 주고받는 글이었습니다. 전화가 없던 시절에는 편지 말고는 멀리 있는 사람에게 소식을 전할 수 있는 다른 방법이 없었습니다. 오늘날에는 우체국이 있어서 단돈 몇백 원이면 제주도에도 편지를 보낼 수 있습니다. 핸드폰의 문자 메시지로는 1초 만에 보낼 수 있습니다. 그래서 요즘은 종이에 쓴 편지를 주고받는 경우가 거의 사라졌습니다. 그래도 우리는 가끔 손으로 쓴 편지를 직접 전달하거나 우편으로 부칩니다. 웃어른 생신이면 예쁜 편지지에 축하하는 마음을 담아 편지를 쓰곤 합니다. 내 생일에 선물을 부쳐 주신 이모에게도 감사하는 마음을 담은 편지를 써서 부치곤 합니다. '스승의 날'에는 정성껏 만든 카네이션 편지를 담임 선생님께 드립니다.

마음을 표현하는 편지 쓰기에는 형식과 순서가 있습니다. 첫째는, 편지를 받을 사람의 이름이나 관계를 먼저 씁니다. '그리운 이모에게' 또는 '사랑하는 할머니께' 식으로, 누구에게 보내는 것인지를 밝히는 것입니다. 둘째는, 첫인사를 합니다. '항상 다정한 이모, 안녕하세요.' 또는 '할머니, 지난 추석에 뵌 지가 엊그제 같은데 벌써 겨울이에요. 그동안 건강하셨죠?' 식으로, 먼저 인사부터 표현합니다. 셋째는, 편지로 전하고 싶은 말을 차근차근 씁니다. 그것은 편지를 받을 사람의 안부를 묻는 내용일 수도 있고, 편지를 쓰는 사람의 소식을 전하는 내용일 수도 있습니다. 또는 편지를 받을 사람에게 따로 하고 싶은 말일 수도 있습니다. 그렇게,

전하고 싶은 말을 썼으니, 넷째는, 끝인사를 합니다. '이모, 다음에 만나면 재밌게 놀아요.' 또는 '할머니, 오래오래 건강하게 사세요.' 식으로, 편지를 마무리하며 끝인사를 합니다. 그러고는 편지를 쓴 날짜와 쓴 사람을 적습니다. '20××년 ×월 ×일, 사랑을 담아서, 이예진 올림' 식으로 말입니다. 그런데 편지의 형식보다 중요한 것이 있습니다. 그것은 마음이 잘 드러나게 쓰는 것입니다. 편지 쓰는 사람의 마음이 잘 표현된 편지가 좋은 편지글입니다.

나무 문해력 익히기

□에 알맞은 말을 쓰세요.

- 편지 쓴 날짜와 쓴 사람을 씀
- □□□를 씀
- 전하고 싶은 말을 씀
- 첫인사를 씀
- 편지 받을 사람의 이름이나 관계를 씀
- 편지 쓰기의 형식과 순서
- 편지의 의미와 쓰임

이해하기 1

'편지'의 뜻풀이입니다. □에 알맞은 낱말을 쓰세요.

편지는 □□와 □□,
전하고 싶은 말을 적어서 보내는 글이다.

이해하기 2

편지를 쓸 때 맨 위에 무엇을 써야 할까요? 그 내용에 밑줄 치세요.

전하고 싶은 말을 쓴다.
편지 쓴 날짜와 쓴 사람을 쓴다.
첫인사를 한다.
편지 받을 사람의 이름이나 관계를 쓴다.

판단하기

오늘날 사람들은 종이 편지를 잘 주고받지 않습니다. 그 까닭으로 가장 적절한 대답에 밑줄 치세요.

우체국에 가서 편지를 부치는 일이 불편하므로.
우편료를 지불하지 않으려고.
종이 편지보다 핸드폰 문자 메시지가 빠르고 편리하므로.
종이에 손으로 글씨를 쓰는 일이 귀찮아서.
종이와 펜을 아끼려고.

사용하기

편지 쓰기의 순서에서 두 번째는 무엇인가요? 그 예문으로 알맞은 말에 밑줄 치세요.

그럼, 다음에 뵐 때까지 몸 건강하세요.
그리운 할머니께
할머니의 막내 손녀 이예림 드림.
할머니, 그동안 안녕하셨어요?

참여하기

편지 쓰기를 할 때 형식과 순서에 따라야 하는 까닭은 무엇일까요? 먼저, 편지 쓰기의 형식과 순서를 뒤바꾼 편지를 써 보고, 그 경험을 통하여 답변하세요.

3

어떤 일이 일어난 까닭

국어 3학년

이상한 경주

「토끼와 거북」을 다시 읽는다.
그 이야기를 원인과 결과로 다시 생각한다.

    결과: 거북은 기뻐하고, 토끼는 창피해한다.
    원인: 토끼와 거북의 경주에서 거북이 이겼다.

    결과: 토끼와 거북의 경주에서 거북이 이겼다.
    원인: 토끼는 낮잠을 잤고, 거북은 쉬지 않았다.

    결과: 토끼는 낮잠을 잤고, 거북은 쉬지 않았다.
    원인: 토끼가 거북의 경주 능력을 깔보았다.

    결과: 토끼가 거북의 경주 능력을 깔보았다.
    원인: 토끼는 빠르고, 거북은 느리다.

    결과: 토끼는 빠르고, 거북은 느리다.
    원인: 토끼는 뛰어가고, 거북은 기어간다.

결과: 토끼는 뛰어가고, 거북은 기어간다.
원인: 토끼는 땅에서 살고, 거북은 주로 물에서 산다.

결과: 토끼는 땅에서 살고, 거북은 주로 물에서 산다.
원인: 서로 다른 곳에 살아가야 서로 오래 살아남는다.

그러므로 토끼와 거북의 달리기 경주는 옳지 않다.
토끼와 거북의 수영 경기가 옳지 않듯이 말이다.

나무 문해력 익히기

□에 알맞은 말을 쓰세요.

이해하기 1

앞의 동시에 표현된 '원인과 결과'입니다. □에 알맞은 낱말을 쓰세요.

결과: 토끼는 뛰어가고, 거북은 기어간다.
원인: 토끼는 □에서 살고, 거북은 주로 □에서 산다.

이해하기 2

경주하던 토끼가 낮잠을 잔 원인에 해당하는 이유에 밑줄을 치세요.

토끼는 원래 낮잠 자는 것을 즐기는 동물이므로.
토끼가 달리기 경주에 지쳐서 기운을 차리려고.
불리한 경주를 하고 있는 거북에게 승리를 양보하느라고.
토끼가 거북의 경주 능력을 깔보아서.

판단하기

동시의 제목이 왜 '이상한 경주'일까요? 적절하지 않은 이유에 밑줄 치세요.

토끼와 거북의 달리기 경주 능력에 큰 차이가 있으므로.
애초에 두 동물의 달리기 경주는 마땅하지 않으므로.
토끼는 빨리 뛸 수 있고, 거북은 기어갈 수밖에 없으므로.
수영 경기를 해야 할 것을 달리기 경주를 했으므로.

사용하기

토끼가 낮잠을 자지 않았다면 달리기 경주 결과는 어떠했을까요? 자연스럽지 않은 대답에 밑줄을 치세요.

토끼가 거북보다 빠르므로 당연히 토끼가 경주에서 이긴다.
토끼가 일부러 천천히 걷다가 결승점 직전에 거북을 앞지른다.
일찍 결승점에 도착한 토끼가 그늘에서 쉬며 거북을 기다린다.
토끼가 거북에게 경주를 그만두고 수영 경기를 하자고 조른다.

참여하기

앞의 동시에서, 토끼는 땅에서 살고, 거북은 주로 물에서 사는 원인으로 '서로 다른 곳에 살아가야 서로 오래 살아남는다.'라고 했어요. 이 말은 무슨 뜻을 담고 있을까요? 과학적으로 생각해 보고 답변하세요.

4

책을 소개하고 독서 감상문 쓰기

국어 3학년

우리는 훌륭한 책을 읽으면 때때로 감동합니다. 그래서 그 감동을 친구들과 나누고 싶은 마음도 생기곤 합니다. 읽은 책을 친구들에게 소개하는 일은 또 다른 즐거움입니다. 읽은 책을 친구들에게 소개하면 어떤 점이 좋을까요? 책을 읽으며 새로 알게 된 사실과 지은이의 생각과 마음을 친구들에게 알릴 수 있어서 좋습니다. 그리고 읽은 내용을 스스로 머릿속에 정리할 수 있어서 좋습니다. 또, 나와 친구들의 관심사가 넓어져서 좋습니다.

느끼고, 생각하고…

읽은 책을 친구들에게 소개한다는 것은 그 책을 놓고 '나와 친구들을 더하는 일'입니다. 반면에, 읽은 책에 대하여 '나와 나를 더하는 일'도 있습니다. 그것은 독서 감상문 쓰기입니다. 독서 감상문을 쓸 때는 어떻게 쓰면 좋을까요? 우선 책을 읽은 까닭을 밝히면 좋습니다. 추천받은 책이라면 누가 추천했으며, 그분이 왜 추천했는지를 쓰는 겁니다. 내가 직접 고른 책이라면 그 이유를 밝힙니다. 다음으로는 책의 줄거리나 정보를 밝히면 좋습니다. 그러는 동안 책의 내용을 머릿속에 정리할 수 있습니다. 책의 내용 중에서 인상 깊은 대목을 드러내는 것도 좋습니다. 그 대목이 바로 독서의 기쁨과 감동에 해당하니까요. 마지막은 내 생각과 느낌을 꼭 밝혀야겠습니다. 그것을 쓰지 않으면 '독서 감상문'이라고 말할 수 없습니다. 말 그대로 '감상문'이니까요. 감상(感想)은 한자어입니다. '느낄 감(感)', '생각할 상(想)'입니다. 그래서 감상의 뜻은 '마음속에서 생기는 느낌과 생각'입니다.

독서 감상문을 쓰면 좋은 점은 무엇일까요? 독서 감상문을 쓰면 책의 내용이 기억에 오래 남습니다. 책의 줄거리나 정보를 감상문에 밝히는 동안, 또 인상 깊은 대목을 적는 동안, 책의 내용이 잘 정리되기 때문입니다. 독서 감상문을 쓰면 좋은 점이 또 있습니다. 그것은 감상문을 쓰는 동안 책에서 새로 깨달은 내용을 다시 확인할 수 있는 것과 지은이의 생각(느낌)과 독자의 생각(느낌)이 만나는 것입니다. 그러므로 독서 감상문을 쓰는 일은 책을 읽은 내가 나에게 책의 내용과 내 생각(느낌)을 조곤조곤 말하는 것과 같습니다. 자기 경험을 떠올려 보아요. 독서 감상문을 쓴 책과 읽기만 한 책을 비교해 보아요. 어떤 책이 더 기억에 남아 있나요?

나무 문해력 익히기

□에 알맞은 말을 쓰세요.

□□ 감상문을 쓰면 좋은 점

독서 □□□ 쓰는 방법

읽은 책을 친구들에게 □□ 하면 좋은 점

이해하기 1

독서 감상문에 꼭 써야 할 내용은 무엇인가요? 보기에서 하나만 골라 밑줄 치세요.

책을 추천한 사람이 누구인지 밝힌다.
책을 언제 어디에서 구했는지를 밝힌다.
읽은 책에 대한 나의 생각과 느낌을 밝힌다.
책의 줄거리를 죽 나열한다.

이해하기 2

한자어 풀이입니다. □에 알맞은 말을 쓰세요.

'감상문'의 감상(感想)은 한자어이다.
'느낄 □(感)', '□□□ 상(想)'이다.

판단하기

앞의 글에 따르면, '읽은 책을 친구에게 소개하면 좋은 점'과 '독서 감상문을 쓰면 좋은 점'에는 공통점이 있습니다. 그 공통점에 밑줄 치세요.

읽은 책에 대하여 대화를 나눌 수 있다.
독서의 기쁨과 감동을 느낄 수 있다.
책 소개를 하며, 감상문을 쓰며 책 내용이 머릿속에 정리된다.
자기 경험을 떠올리며 책을 읽을 수 있다.

사용하기

읽은 책을 친구들에게 소개할 때 적절하지 않은 태도를 보기에서 골라 밑줄 치세요.

소개하는 책을 왜 읽게 되었는지를 얘기한다.
책을 읽는 동안 감명 깊었던 내용을 소개한다.
책 내용 중에서 아쉬웠던 점을 얘기한다.
소개하는 책을 꼭 사서 읽으라고 강조한다.

참여하기

앞의 글에 따르면, 읽은 책을 친구들에게 소개한다는 것은 그 책을 놓고 '나와 친구들을 더하는 일'이며, 독서 감상문을 쓰는 것은 읽은 책에 대하여 '나와 나를 더하는 일'입니다. 왜 독서 감상문을 쓰는 것이 '나와 나를 더하는 일'이 될까요? 곰곰이 생각하여 쓰세요.

수학

3학년

5

평면도형의 요소들

수학 3학년

선분은 '두 개의 점 사이를 곧게 이은 선'입니다. 그래서 선분에는 두 개의 점이 있습니다. 그중 하나는 '점 ㄱ'이고, 다른 하나는 '점 ㄴ'입니다. 그래서 선분은 '점 ㄱ'과 '점 ㄴ' 사이에 있는 곧은 선입니다. 그 선분의 이름을 '선분 ㄱㄴ' 또는 '선분 ㄴㄱ'이라고 부릅니다.

반직선은 '한 개의 점에서 어느 한쪽으로 끝없이 이어진 곧은 선'입니다. '점 ㄱ'에서 시작한 반직선이 한쪽으로 이어지다가 '점 ㄴ'을 통과할 경우, 그것을 '반직선 ㄱㄴ'이라고 합니다. 반대로, '점 ㄴ'에서 시작한 반직선이 '점 ㄱ'을 통과할 경우, 그것을 '반직선 ㄴㄱ'이라고 합니다.

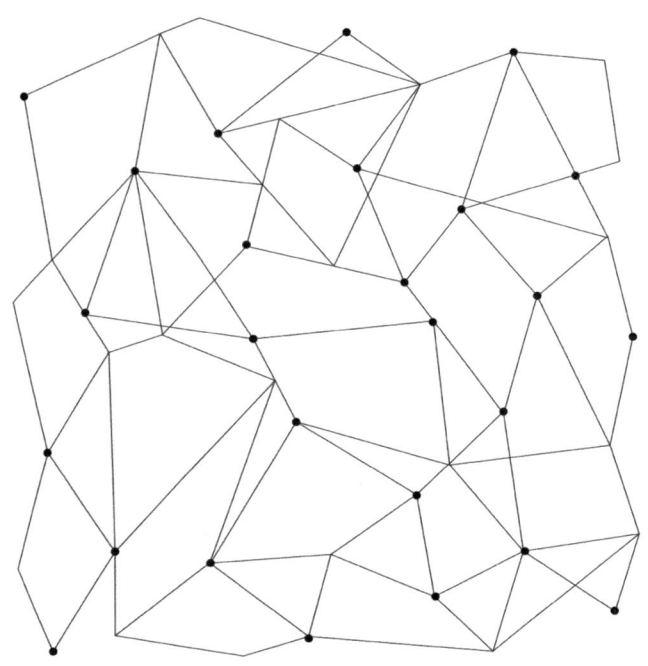

직선은 '양쪽으로 끝없이 이어진 곧은 선'입니다. 직선이 양쪽으로 이어지다가 '점 ㄱ'과 '점 ㄴ'을 통과할 경우, 그것을 '직선 ㄱㄴ' 또는 '직선 ㄴㄱ'이라고 합니다. 이렇게 선분, 반직선, 직선은 모두 곧은 선이라는 공통점이 있지만 선의 범위는 서로 다릅니다. 선분은 양쪽으로 닫혀 있는 선이고, 반직선은 한쪽으로만 열려 있는 선이며, 직선은 양쪽으로 열려 있는 선입니다.

두 개의 반직선이 한 점에서 만나면 '도형'이 생겨납니다. 선이 하나일 때는 없었던 것입니다. 도형은 '선이나 면으로 이루어진 모양'입니다. 그리고 다른 방향의 두 선이 한 점에서 만나면 '각'이 생기면서 '꼭짓점'과 '변'이 나타납니다. 각(角)은 한자어입니다. '뿔 각(角)'입니다. 각이 소의 뿔처럼 뾰족한 모양이어서 붙여진 이름입니다. 각의 분명한 뜻은 '한 개의 점에서 갈려 나간 두 개의 반직선이 벌어진 정도'입니다. 그리고 한글 이름인 꼭짓점은 '각을 이루고 있는 두 선이 만나는 점'입니다. 이때 일컫는 '두 선'은 '두 변'을 뜻합니다. 변은 '각을 이루는 도형의 선분'입니다. 변은 각이 있는 도형의 가장자리이기도 해서, 한자로는 '가장자리 변(邊)'입니다.

각(角) 중에는 직각도 있습니다. 직각은 두 개의 선이 벌어진 모양이 마치 한글 ㄴ 같습니다. 그런데 그 모양의 도형에 선분 하나를 더 그어 삼각형을 만들면 3개의 각이 생깁니다. (각이 3개 있어서 이름이 '삼각형'입니다) 이처럼 '직각이 하나 있는 삼각형'을 직각삼각형이라고 합니다.

4개의 선분으로 이루어진 사각형은 각도 4개입니다. 각이 4개 있어서 이름이 '사각형'입니다. 그중에서 '4개의 각이 모두 직각인 사각형'을 직사각형이라고 합니다('직각사각형'이 아니라 '직사각형'입니다). 그리고 사각형 중에는 정사각형도 있습니다. 한자로 '바를 정(正)' 자를 쓰는 정사각형(正四角形)은 '4개의 각이 모두 직각이고, 4개의 변의 길이가 모두 같은 사각형'입니다. 한자 사전을 찾아보면 정(正)의 뜻은 20개가 넘습니다. 그중에는 '서로 같다'라는 뜻도 있습니다. 정사각형은 각은 각대로, 변은 변대로 모두 똑같으니, 왜 정(正)을 붙여 이름을 지었는지 알겠습니다. 이렇게 도형의 이름에도 까닭이 있습니다.

나무 문해력 익히기

□에 알맞은 말을 쓰세요.

사각형, 직사각형, 정□□□

직각, 삼각형, □□삼각형

도형, 각, 꼭짓점, □

선분, 반직선, □□

이해하기 1

세 가지 '곧은 선'에 대한 설명입니다. □에 알맞은 낱말을 쓰세요.

□□은 두 개의 점 사이를 곧게 이은 선이다.
□□은 양쪽으로 끝없이 이어진 곧은 선이다.
반직선은 □ 개의 점에서 어느 한쪽으로 끝없이 이어진 곧은 선이다.

이해하기 2

두 평면도형에 대한 설명입니다. □에 알맞은 낱말을 쓰세요.

직각이 하나 있는 삼각형의 이름은 □□□□□이다.
□□□□은 4개의 각이 모두 직각인 사각형이다.

판단하기

직사각형과 정사각형의 공통점입니다. 잘못된 문장에 밑줄 치세요.

4개의 선분과 4개의 각으로 이루어진 도형이다.
4개의 변의 길이가 모두 같다.
4개의 각이 모두 직각인 사각형이다.

사용하기

'점 A'와 '점 B' 사이에 곧은 선이 있습니다. 그 이름으로 올바른 것에 밑줄 치세요.

'직선 A B' 또는 '직선 B A'
'선분 A B' 또는 '선분 B A'
'반직선 A B' 또는 '반직선 B A'

참여하기

직각이 하나 있는 삼각형의 이름은 '직각삼각형'입니다. 4개의 각이 모두 직각인 사각형의 이름은 '직사각형'입니다. 왜 사람들은 직사각형을 '직각사각형'이라고 부르지 않았을까요? 곰곰이 생각하여 쓰세요.

6

나눗셈

수학 3학년

나눗셈은 어떤 쓸모로 생겨난 셈법일까요? 사람들은 왜 나눗셈을 하게 되었을까요? 그것은 바로 '몫'을 알기 위한 것이었습니다. 얼마큼의 무엇을 얼마큼의 사람이 똑같이 나누어 가져야 할 때, 한 사람의 몫이 얼마큼인지를 빠르고 쉽게 셈할 방법이 필요했던 것입니다. 그 셈법이 나눗셈이었습니다. 빵 250개를 50명에게 같은 개수로 나누어 주려고 합니다. 한 사람당 몇 개를 주면 같은 개수로 나누어 줄 수 있을까요? 이 일은 나눗셈으로 쉽게 알 수 있습니다. 250÷50=5입니다. 뺄셈으로도 이 답을 찾을 수 있습니다. 하지만 뺄셈으로 하면 여러 번 셈해야 합니다. 250-50=200. (50명이 각자 빵 1개씩 갖고도 빵 200개가 남습니다. 그래서) 200-50=150. (50명이 또 각자 빵 1개씩 갖고도 빵 150개가 남습니다. 다시 그래서) 150-50=100. (50명이 또 각자 빵 1개씩 갖고도 빵 100개가 남습니다. 또 그래서) 100-50=50. (50명이 또 각자 빵 1개씩 갖고도 빵 50개가 남습니다. 결국 그래서) 50-50=0. (50명이 또 각자 빵 1개씩 가지면 빵은 남지 않습니다. 그러므로) 뺄셈으로는 이렇게 다섯 번 셈하여 한 사람당 갖는 빵의 몫이 5개임을 알 수 있습니다. 그러니까 나눗셈은 뺄셈보다 빠르고 편리한 셈법입니다.

몫은 '어떤 수를 나누는 수로 똑같이 나누었을 때 나타나는 수'를 뜻합니다. 그런데 어느 경우는 그 '몫'이 딱 떨어지지 않습니다. 예를 들면, 빵 9개를 네 사람이 똑같이 나누어 가지려면 한 사람당 몫은 2개여서 빵 8개까지는 골고루 나누어지지만, 그러고 나면 빵 1개가 남습니다. 그 수를 '나머지'라고 합니다. 그래서 나눗셈에서는 '몫'이 있고, 경우에 따라서 '나머지'도 생깁니다. 그래서 나눗셈을 하는 목적은 어떤 수에서 나누는 수의 몫과 나머지를 구하려는 것입니다.

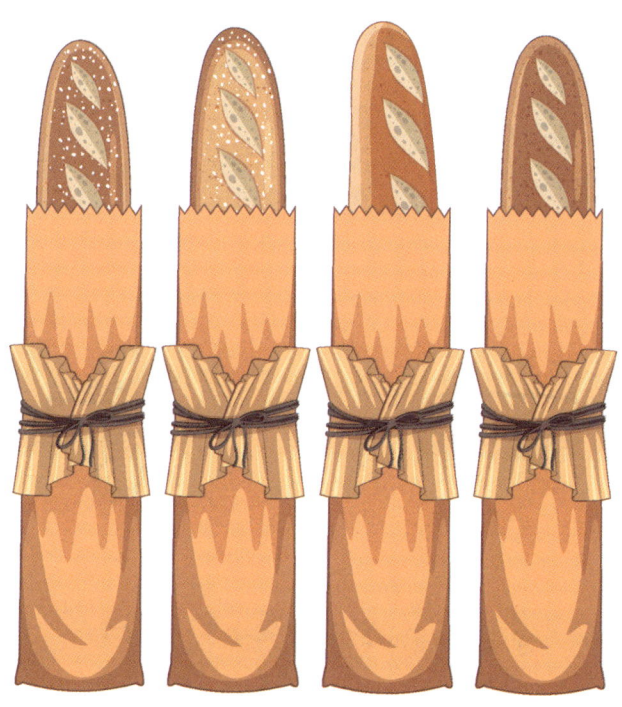

그런데 어떤 수를 0으로 나눌 수는 없습니다. 그것은 불가능합니다. 0은 '나누는 수가 없는 상태'를 뜻합니다. 그러니 0으로는 어떤 수를 나눌 수도 없습니다. 이를테면, 빵이 100개가 있어도 나누어 가질 사람이 한 사람도 없으면(0명) 그 빵은 나눌 수가 없는 것입니다.

나누어질 것이 무엇이든 그것을 '잘' 나누는 방법은 무엇일까요? 그것은 나눗셈을 잘하는 것과 같습니다. 모든 사람에게 똑같은 몫이 돌아가게끔 나누는 것입니다. 똑같은 몫은 공평한 수량일 것입니다. 학교에서 급식할 때도 키가 큰 학생이든, 키가 작은 학생이든 반찬의 가짓수나 우유의 개수가 같듯이, 똑같은 몫으로 나눌 때 모두에게 공평한 나눔이 됩니다. 그러고 보면 나눗셈은 공평함을 위해 생겨난 셈법입니다.

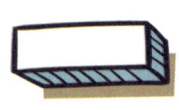 

뺄셈보다 빠르고 편리한 나눗셈

나무 문해력 익히기

□에 알맞은 말을 쓰세요.

이해하기 1

나눗셈에 대한 설명입니다. □에 알맞은 낱말을 쓰세요.

나눗셈은 □과 나머지를 구하는 셈법이다.

이해하기 2

나눗셈에 대한 설명입니다. □에 알맞은 말을 쓰세요.

나눗셈은 □셈보다 빠르고 편리하게 몫을 구할 수 있는 셈법이다.

판단하기

빵 2개를 3명이 공평하게 나누어 먹으려면 어떻게 나누면 될까요? 적절히 대답한 문장에 밑줄 치세요.

가위 바위 보를 하여 이긴 두 사람이 각각 빵 1개씩 갖는다.
한 사람이 빵 1개를 갖고 다른 두 사람이 빵 1개를 반으로 잘라 나누어 갖는다.
빵 1개를 3등분하여 3명이 나누어 갖고, 다른 빵 1개도 그렇게 나누어 갖는다.

사용하기

콩떡 45개를 8명에게 같은 개수로 나누어 주려고 합니다. 한 사람당 '몫'은 몇 개일까요? 그리고 '나머지'는 몇 개가 될까요? 알맞은 개수를 □에 쓰세요.

몫: □
나머지: □

참여하기

덧셈, 뺄셈을 먼저 배우고, 곱셈과 나눗셈은 나중에 배웁니다. 그 까닭은 무엇일까요? 경험을 머릿속에 떠올려 쓰세요.

7

분수와 소수

수학 3학년

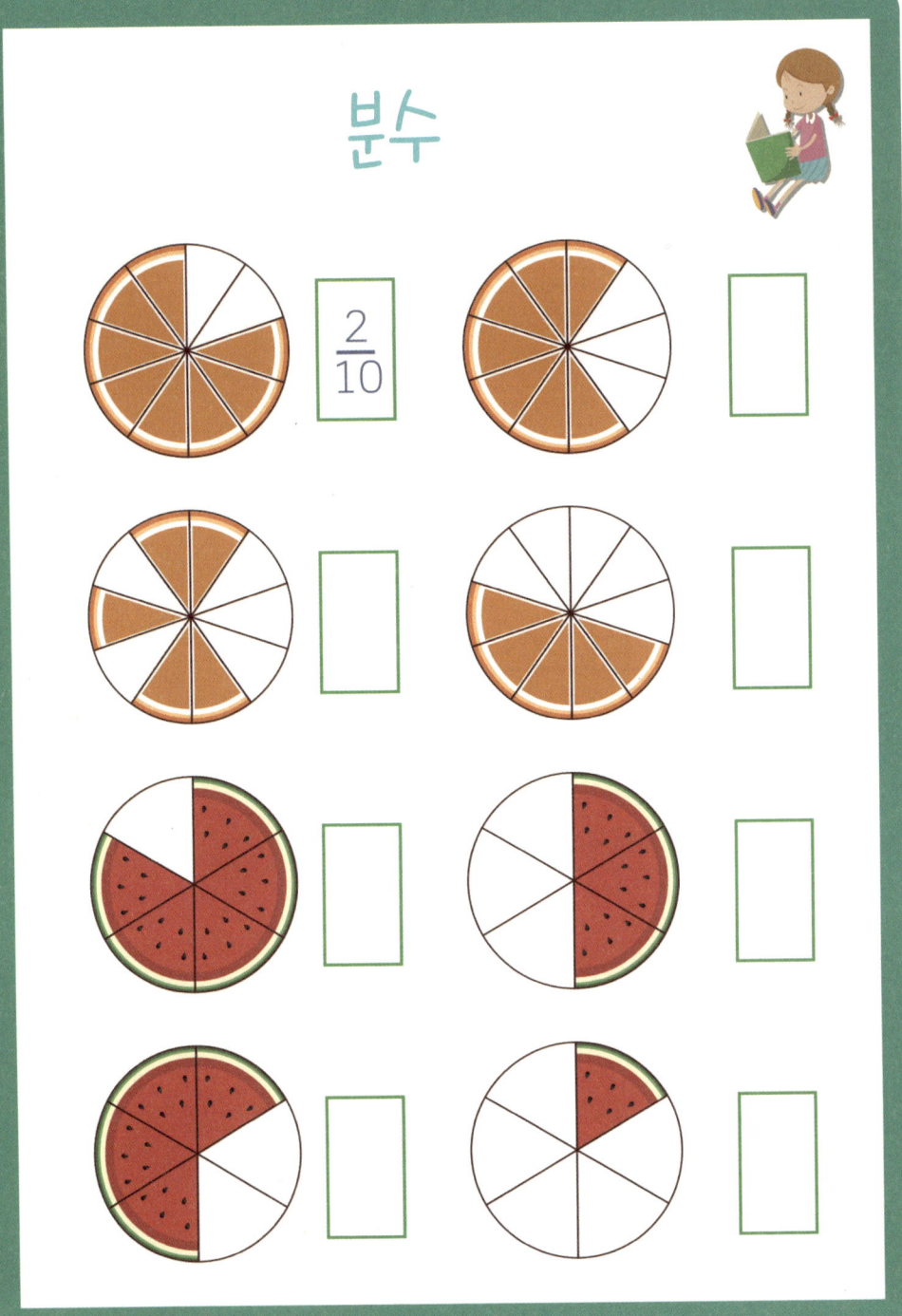

수의 종류에는 1, 2, 3, 4, 5…처럼 1부터 시작하여 하나씩 더할 수 있는 '자연수'도 있지만, '0보다는 크고 1보다는 작은 수'인 분수와 소수도 있습니다. 사람들은 왜 '0보다는 크고 1보다는 작은 수'를 만들어 사용했을까요? 예컨대, 수박 한 통을 여러 조각으로 나누어야 할 때, 그 수박의 조각들을 일컬을 말이 필요했던 것입니다. 그래서 수박 한 통을 같은 크기로 두 쪽을 내면 그것의 한 쪽을 $\frac{1}{2}$이라고 쓰고 '2분의 1'이라고 읽었고, 수박 한 통을 같은 크기로 네 쪽을 내면 그것의 한 쪽을 $\frac{1}{4}$이라고 쓰고 '4분의 1'이라고 읽었습니다. 이렇게 '전체에 대한 부분'을 나타내는 수를 '분수'라고 합니다. 그래서 분수(分數)의 한자는 '나눌 분(分)', '셈 수(數)'입니다. 분수에는 $\frac{1}{2}$이나 $\frac{7}{10}$처럼 0보다는 크고 1보다는 작은 수도 있지만, $\frac{7}{3}$이나 $\frac{9}{4}$처럼 1보다 큰 수도 있습니다. 하지만 1보다 큰 그 수들도 자연수만으로 딱 떨어지지 않아서 결국은 분수나 소수로 표시해야 합니다.

분수는 '나누어지는 수'를 위에 두고, '나누는 수'를 아래에 둡니다. 그리고 '분수의 아래쪽에서 나누는 수'를 '분모'라고 하고, '위쪽에서 나누어지는 수'를 '분자'라고 합니다. 분모(分母)의 한자는 '나눌 분(分)', '어머니 모(母)'이고, 분자(分子)의 한자는 '나눌 분(分)', '아들 자(子)'입니다. 왜 이름을 그렇게 지었을까요? 어린 자식보다 어머니가 크듯이, 나누는 아래쪽의 수가 나누어지는 위쪽의 수보다 커야 그 수의 크기가 0보다는 크고 1보다는 작기 때문입니다.

이렇듯 분수는 어떤 수를 그보다 큰 수로 나눌 일이 있을 때 필요해서 일부러 만든 수입니다. 그래서 분수는 원래는 분모가 분자보다 커야 합니다. 피자 한 판을 4명이 똑같이 나누어 먹으려면 피자 한 판을 4조각으로 등분하여 1조각씩 나누면 되듯이 말입니다. 그런데 피자 다섯 판을 4명이 똑같이 나누어 먹으려면 1명당 피자 한 판씩 가져간 다음, 남은 한 판을 4조각으로 등분하여 1조각씩 또 나누어 가지면 됩니다. 그것을 분수로 나타내면 $\frac{5}{4}$가 됩니다. 그런데 이렇게 되면 분모가 분자보다 작습니다. 이런 분수를 '가분수'라고 합니다. 즉 가분수는 '분자가 분모와 같거나 큰 분수'입니다. 가분수(假分數)의 '가'는 '거짓 가(假)'입니다. 분수를 만든 원래 목적이 0과 1 사이의 작은 수를 나타내려는 것인데, 가분수는 분자가 분모보다 커서 1보다 큽니다. 그래서 가분수는 이름에 '거짓 가(假)' 자를 써서 말 그대로 '가짜 분수'인 것입니다.

피자 네 판을 여덟 명이 나누어요!

반면에 '분자가 분모보다 작은 분수'인 진분수(眞分數)의 '진' 자는 '참 진(眞)'입니다. '진짜'라는 말입니다. 그래서 진분수는 분수를 만든 원래 목적대로 0보다는 크고 1보다는 작은 수를 나타냅니다. 그런가 하면 '대분수'도 있습니다. 대분수는 '가분수를 보기 쉽게 나타낸 분수'입니다. 이를테면, 가분수인 $\frac{8}{5}$은 '1과 $\frac{3}{5}$'과 같습니다. 그래서 대분수로는 '1$\frac{3}{5}$'이라고 씁니다. 대분수(帶分數)의 '대' 자는 '띠 대(帶)'입니다. 분수 옆구리에 '허리띠'처럼 수를 두르고 있어서 재미있는 이름이 붙었습니다.

한자로 '작을 소(小)', '셈 수(數)'인 소수(小數)는 어떤 수일까요? 소수는 분수와 마찬가지로 '0보다 크고 1보다 작은 수'입니다. 분수가 있는데 왜 또 소수를 만들었을까요? 그것은 분수와 소수의 쓰임새가 다르기 때문입니다. 분수는 나눗셈하는 과정에서 생겨났습니다. 그래서 분수는 $\frac{1}{2}, \frac{2}{3}, \frac{3}{4}$처럼 전체 중에서 부분이 차지하는 수량을 한눈에 알아차릴 수 있을 때 주로 쓰입니다. 소수는 분수 계산을 손쉽게 하는 과정에서 생겨났습니다.

그래서 소수는 물건의 양이나 길이를 정확히 잴 때 주로 쓰입니다. 예를 들어, 1봉지에 2.5kg인 초콜릿의 3봉지 무게는 7.5kg입니다. 이것을 분수로 계산하면 $2\frac{1}{2} + 2\frac{1}{2} + 2\frac{1}{2} = 7\frac{1}{2}$이지만, 소수로 계산하면 2.5+2.5+2.5=7.5입니다. 이처럼 분수의 덧셈도 분수로 계산하기보다 소수로 계산하는 것이 쉽습니다. 그래서 우리의 일상생활에서는 분수보다 소수를 사용할 때가 훨씬 많습니다. 그런데도 소수가 분수에서 생겨났으므로 분수의 개념과 셈법도 알아야 합니다. 그 둘의 쓰임이 다를뿐더러, 오늘날을 이해하려면 옛날도 알아야 하니까요.

나무 문해력 익히기

□에 알맞은 말을 쓰세요.

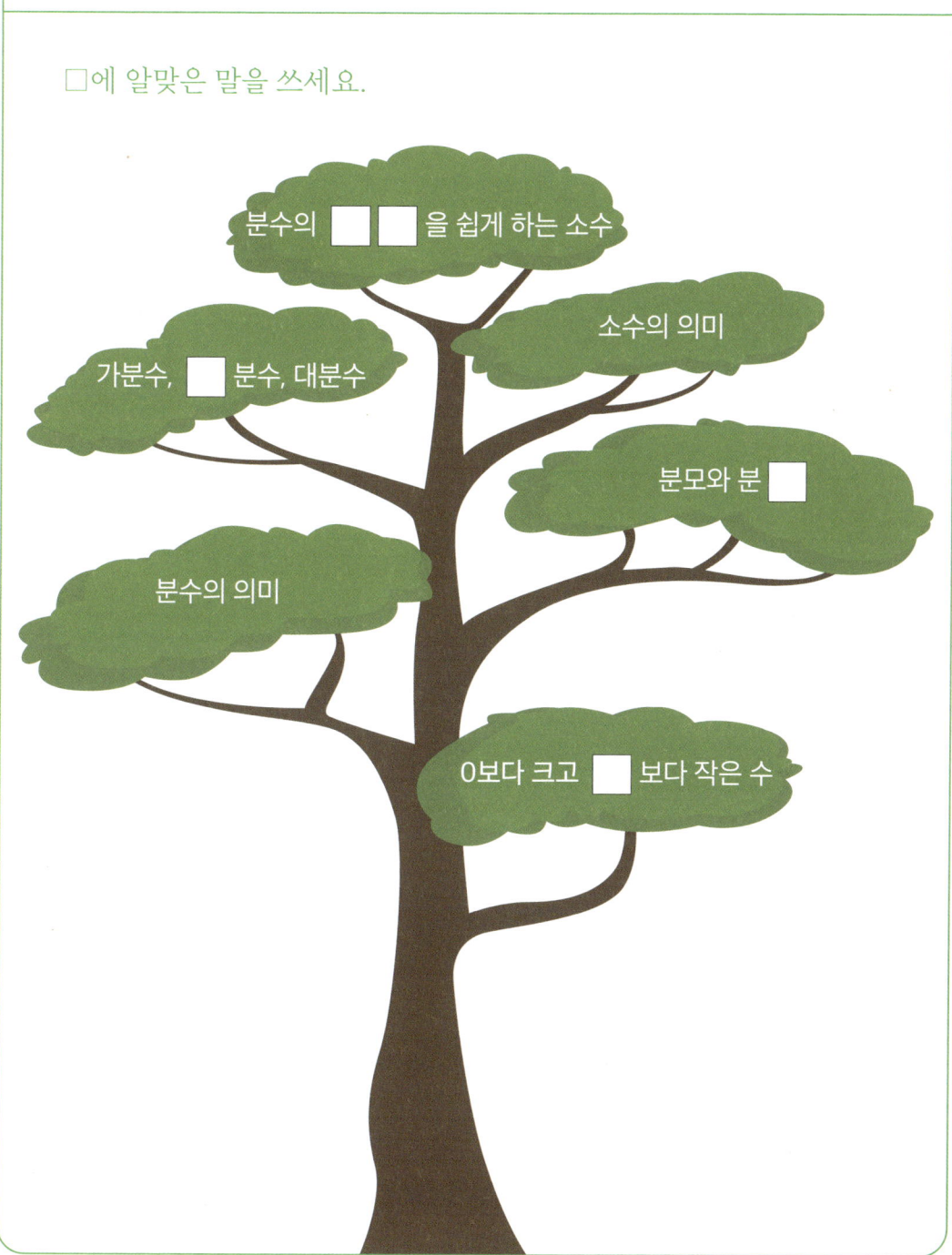

- 분수의 □□을 쉽게 하는 소수
- 소수의 의미
- 가분수, □분수, 대분수
- 분모와 분□
- 분수의 의미
- 0보다 크고 □보다 작은 수

이해하기 1

분모와 분자의 한자 풀이입니다. □에 알맞은 말을 쓰세요.

분모의 한자는 '나눌 분(分)' '□□ 모(母)'이며,
분자의 한자는 '나눌 분(分)' '□□ 자(子)'이다.

이해하기 2

분수의 종류와 뜻풀이의 대응이 알맞게 선을 연결하세요.

진분수 •　　　　• 가분수를 보기 쉽게 나타낸 분수
가분수 •　　　　• 분자가 분모보다 작은 분수
대분수 •　　　　• 분자가 분모와 같거나 큰 분수

판단하기

가분수를 대분수로 바꿔 나타내는 까닭은 무엇일까요? 그 설명으로 알맞은 문장에 밑줄 치세요.

가분수는 '0보다 크고 1보다 작은 수'이므로 대분수로 바꾸는 것이다.

가분수를 진분수로 만들기 위하여 대분수로 바꾸는 것이다.

가분수의 크기를 줄이기 위하여 대분수로 바꾸는 것이다.

가분수를 대분수로 바꾸어 나타내면 수의 크기를 알아보기 쉽기 때문이다.

사용하기

소수보다 분수를 사용하면 계산하기가 더 편리한 경우가 있습니다. 그 경우를 나타낸 모든 문장에 밑줄 치세요.

세 명이 피자 한 판을 나누어 먹을 때.

1.5L짜리 콜라 다섯 병의 용량을 더할 때.

소고기 0.6kg을 3등분한 무게를 알아낼 때.

여덟 명에게 수박 한 통을 공평하게 나누어 줄 때.

참여하기

소수(小數)의 한자는 '작을 소(小)', '셈 수(數)'입니다. 소수의 이름에는 왜 '작을 소(小)' 자를 붙였을까요? 곰곰이 생각하여 쓰세요.

8

지름과 반지름이 있는 평면도형

수학 3학년

바퀴 모양은 원형입니다. 만약에 바퀴를 정사각형으로 만들면 어떨까요? 잘 굴러갈까요? 각진 바퀴의 모서리가 구르는 것을 방해할 겁니다. 정사각형보다는 그래도 정팔각형이 조금은 잘 굴러갈 겁니다. 또 정팔각형보다는 정십육각형이 더 잘 구를 테고, 정십육각형보다는 정삼십이각형이 더 잘 구릅니다. 그리고 마침내는 모서리가 전혀 없는 원형일 때 바퀴는 가장 잘 구릅니다.

원은 모서리가 없으므로 원의 중심에서 원둘레까지의 길이가 어느 방향에서든 똑같습니다. 원의 중심에서 원둘레까지의 길이를 '반지름'이라고 합니다. 정확히 말하면, 반지름은 '원의 중심에서 원둘레의 한 점에 이르는 선분'을 뜻합니다. 그래서 반지름의 길이를 알려면 먼저 원의 중심을 알아야 합니다. 원의 중심을 알면 '지름'도 금방 알 수 있습니다. '원둘레의 한 점에서 원의 중심을 통과해 맞은편 원둘레의 한 점까지 이어진 선분'이 지름이기 때문입니다. 원둘레의 한 점에서 원의 중심까지 이어진 선분의 길이가 '반지름'이고, 그 반지름에서 반듯하게 이어진 선분이 반대편 원둘레의 한 점까지 닿은 길이가 '지름'입니다. 그래서 지름은 반드시 원의 중심을 통과한 선분이어야 합니다. 원의 중심을 통과하지 않아도 원 안에 원둘레의 한 점끼리 만나는 선분들을 그을 수 있지만, 그 선분들은 지름이 아니어서 길이가 제각각입니다. 반면에, 원둘레의 한 점에서 시작하여 원의 중심을 통과한 선분이 반대편 원둘레의 한 점에 닿으면 그 선분은 어느 방향에서 시작한 것이든 그 길이는 똑같습니다.

지름과 반지름은 원에만 있는 선분입니다. 삼각형, 사각형, 오각형, 육각형, 팔각형 등등, 원을 제외한 도형들에는 지름과 반지름이 없습니다. 원이 아닌 도형들은 도형의 중심에서 도형의 테두리까지의 길이가 방향에 따라 다르기 때문입니다. 그래서 원을 닮은 도형인 '타원'에도 지름과 반지름은 없습니다.

원을 가장 쉽게 그리는 방법은 무엇일까요? 그것은 반지름을 먼저 정하는 것입니다. 반지름이 정해지면 그 바깥의 한 점을 따라서 중심 둘레를 한 바퀴 빙그르르 돌리면 원이 그려집니다. 이때 원의 중심은 반드시 고정되어 있어야 합니다. 그래야 반지름이 똑같은 원을 그릴 수 있기 때문입니다. 이 방법으로 원을 그릴 때 흔히 사용하는 도구는 컴퍼스입니다. 컴퍼스의 한쪽 다리를 고정하고, 다른 한쪽 다리를 벌려서 원하는 길이의 반지름을 정한 다음에, 한 바퀴 돌리면 반지름이 똑같은 원이 그려집니다.

나무 문해력 익히기

□에 알맞은 말을 쓰세요.

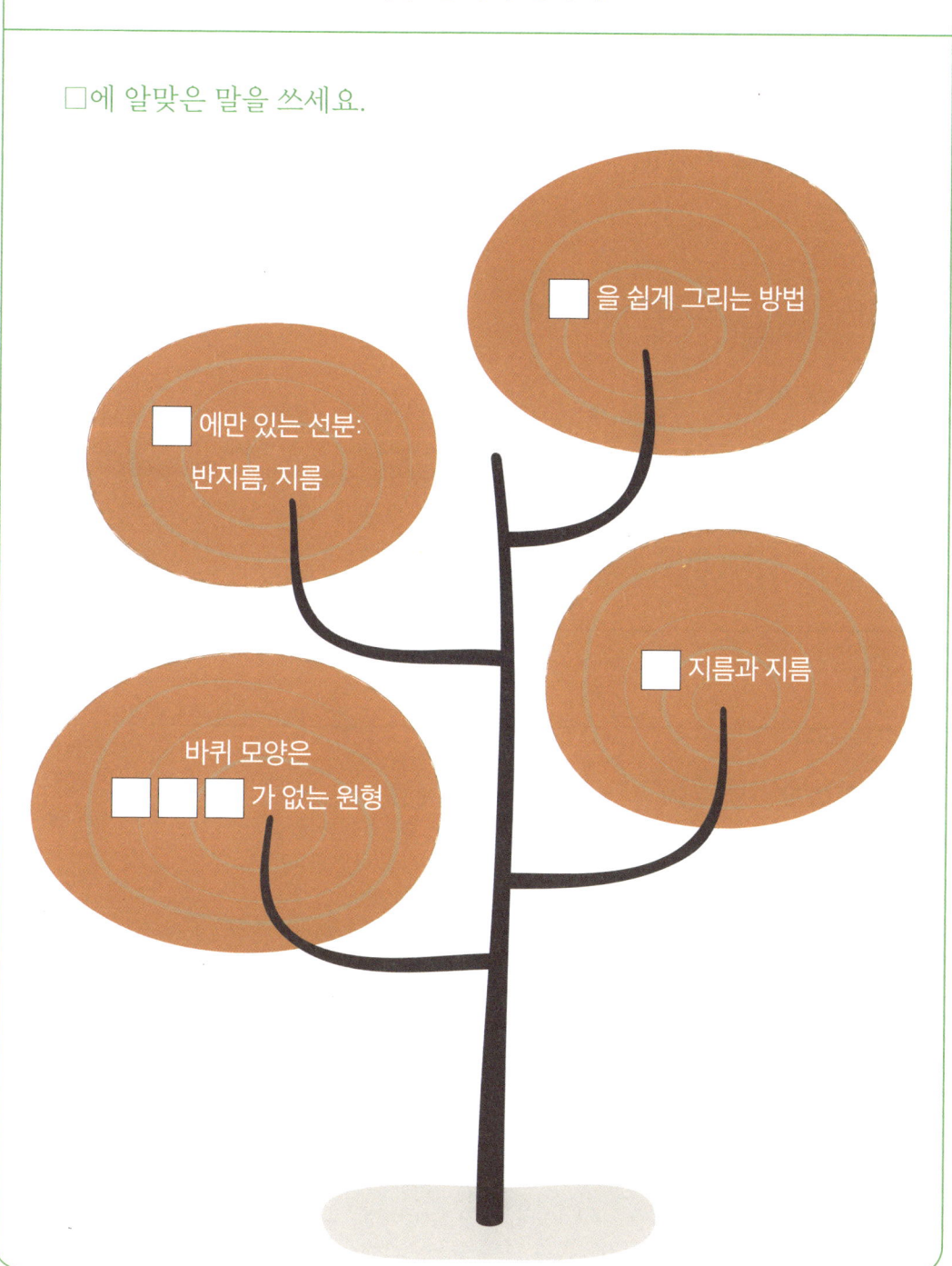

- □을 쉽게 그리는 방법
- □에만 있는 선분: 반지름, 지름
- □지름과 지름
- 바퀴 모양은 □□□가 없는 원형

이해하기 1

'원의 중심에서 원둘레의 한 점에 이르는 선분'을 무엇이라고 할까요? 그 낱말에 밑줄 치세요.

지름
반지름
모서리
원

이해하기 2

'지름'의 뜻으로 올바른 문장에 밑줄 치세요.

원에만 있는 선분.
원의 중심에서 원둘레까지의 길이.
원둘레의 한 점에서 원의 중심을 통과해 맞은편 원둘레의 한 점까지 이어진 선분.
원의 중심에서 원둘레까지의 길이가 어느 방향에서든 똑같은 도형.

판단하기

'지름의 길이가 가장 긴 원'을 나타낸 문장에 밑줄 치세요.

이 원은 '원의 중심에서 원둘레까지의 길이가 15cm'이다.
이 원은 '원둘레의 한 점에서 원의 중심을 통과해 맞은편 원둘레의 한 점까지 이어진 선분의 길이가 20cm'이다.
이 원은 '양쪽 다리 사이의 길이를 17cm로 고정시킨 컴퍼스로 그린 원'이다.

사용하기

컴퍼스가 없었던 옛날에는 무엇으로 원을 그렸을까요? 대답으로 적절한 문장에 밑줄 치세요.

한 손에 연필을 쥐고 눈대중으로 원을 그렸다.
둥그런 그릇의 테두리를 도구로 사용해 원을 그렸다.
두 개의 막대 사이에 끈을 묶어서 원을 그렸다.
바퀴의 테두리를 도구로 사용해 원을 그렸다.

참여하기

원, 타원, 원형, 동그라미, (공 모양인) 구(球). 이 다섯 가지 도형의 차이점을 구별하여 서술하세요.

사회

3학년

9

다양하게 나타낸 고장의 모습

사회 3학년

우리는 우리가 생활하는 고장의 모습을 그림으로 그릴 수 있습니다. 그 그림에는 자신의 경험과 관심이 나타나 있을 겁니다. 자신이 잘 아는 장소, 좋아하는 장소, 남들에게 알리고 싶은 장소 등이 그 그림에 나타나 있을 겁니다. 우리 고장의 모습을 사진 찍을 때는 어떨까요? 사진에는 있는 그대로의 모습이 담깁니다. 그래서 우리 고장의 모습을 사진 찍을 때는 그림보다 자세하고 폭넓은 모습을 사진에 담아내려고 높은 곳에서 내려다본 고장의 모습을 사진에 담아내려고 할 것입니다. 높은 산에 올라가 내려다본 고장의 모습은 하늘을 나는 새가 내려다본 모습과 비슷할 겁니다.

그것을 '조감도(鳥瞰圖)'라고 합니다. 이 한자는 '새 조(鳥)', '내려다볼 감(瞰)', '그림 도(圖)'입니다. 말 그대로, 조감도의 뜻은 '새처럼 높은 곳에서 내려다본 그림이나 지도'입니다. 조감도로 보면 사람들이 사는 고장의 모습을 전체적으로 볼 수 있습니다. 그래서 옛날에는 높은 산에 올라서 조감도 지도를 그렸습니다.

　오늘날은 인공위성이 있습니다. 인공위성은 '로켓으로 쏘아 올려져 어떤 목적을 갖고 지구의 주위를 도는 비행 물체'입니다. 인공위성은 날씨를 관측하고 통신을 잇는 일뿐만 아니라, 지도를 만드는 일에도 사용되어서 지구 곳곳의 표면을 촬영합니다. 지구 바깥에서 인공위성이 촬영한 지도를 '디지털 영상 지도'라고 합니다.

디지털 영상 지도에는 우리나라도 나타나 있고, 우리가 사는 고장도 나타나 있습니다. 인공위성의 사진기는 성능이 무척 좋아서 학교의 건물과 운동장도 확대하여 볼 수 있습니다. 그리고 디지털 영상 지도에는 자동 검색 기능도 있어서 검색창에 주소나 장소 이름을 입력하면 그 위치를 곧바로 나타내 줍니다. 그런 디지털 영상 지도는 '실물 지도'로도 볼 수 있고, '일반 지도'나 '백지도'로도 볼 수 있습니다. 그중 백지도(白地圖)는 '흰 백(白)' 자를 쓰는 만큼, '각종 정보를 써넣기 위한 작업용 기본 지도'입니다. 그래서 백지도에는 지도의 윤곽·경계·하천·도시·철길 따위는 표시하지만 글자는 쓰여 있지 않습니다. 그러므로 백지도를 종이에 인쇄하여 고장에 있는 여러 장소의 위치를 '세모, 네모, 별' 등의 여러 모양으로 표시할 수 있습니다.

    디지털 영상 지도를 이용하여 주제와 관련된 고장의 '주요 장소'를 찾을 수도 있습니다. 주요 장소는 '여러 장소 중에서 눈에 잘 띄거나 사람들이 자주 찾는 곳'입니다. 그 '주제'는 정하기 나름입니다. 이를테면, '다른 고장으로 이동할 때 이용하는 곳'도 한 주제가 됩니다. 그 장소는 어디일까요? 철도역, 고속버스·시외버스·여객선 터미널, 고속 도로 나들목 등이 그곳입니다. 또한, '고장 사람들의 생활을 도와주고 지켜 주는 곳'도 한 주제가 됩니다. 그 장소는 어디일까요? 도청, 시청, 구청, 행정 복지 센터, 소방서, 경찰서, 병원, 약국 등이 그곳입니다.

'문화유산이나 유명한 관광지가 있는 곳'도 한 주제가 됩니다. 그 장소는 어디일까요? 궁궐, 왕릉, 오래전에 지은 사찰, 성곽, 고인돌 유적지, 박물관 등이 그곳입니다. '물건을 사고파는 곳'도 한 주제가 됩니다. 그 장소는 어디일까요? 전통 시장, 마트, 상점, 노점 등이 그곳입니다. '자연 공간'도 한 주제가 됩니다. 그 장소는 어디일까요? 산, 강, 호수, 해변 등이 그곳입니다. 이처럼 '사용 목적에 따라 별도로 정한 주제만을 자세히 표시한 지도'를 '주제도'라고 합니다. 그 대표적인 지도가 '노선도'입니다. 노선도에는 전동 열차나 시내버스가 오가는 길과 역·정류장이 한눈에 알아보기 쉽게 표시됩니다. 그래서 노선도는 그 교통수단을 이용하는 사람들에게 무척 쓸모 있습니다.

이렇게 우리는 우리 고장의 모습을 여러 방식으로 나타낼 수 있습니다. 즉 우리 고장의 모습은 '경험과 관심으로 그린 그림'에도 나타나 있습니다. 인공위성에서 촬영한 '디지털 영상 지도'에도 나타나 있습니다. 주요 장소를 '주제별로 나타낸 지도'에도 나타나 있습니다. 다양하게 나타낸 그 모습들이 우리가 살아가는 고장의 모습이라고 말할 수 있겠습니다.

나무 문해력 익히기

□에 알맞은 말을 쓰세요.

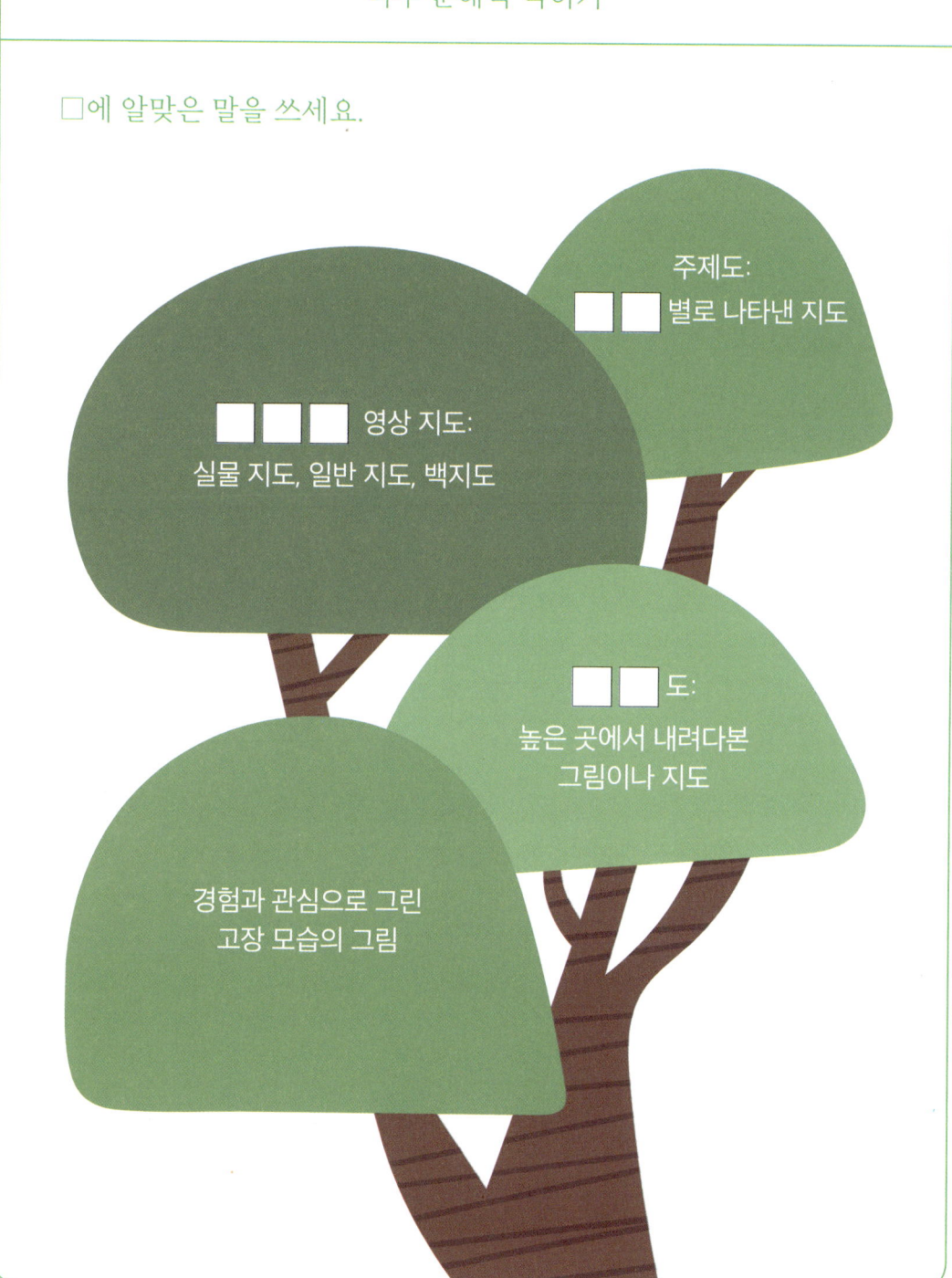

주제도: □□별로 나타낸 지도

□□□ 영상 지도: 실물 지도, 일반 지도, 백지도

□□도: 높은 곳에서 내려다본 그림이나 지도

경험과 관심으로 그린 고장 모습의 그림

이해하기 1

'새처럼 높은 곳에서 내려다본 그림이나 지도'를 뜻하는 낱말에 밑줄 치세요.

디지털 영상 지도
백지도
일반 지도
조감도

이해하기 2

디지털 영상 지도에 대한 설명입니다. □에 알맞은 낱말을 쓰세요.

디지털 영상 지도는 지구 바깥에서 □□□□이 촬영한 지도이다.

판단하기

'주제도'에 해당하는 문장에 밑줄 치세요.

잘 아는 장소, 좋아하는 장소, 남에게 알리고 싶은 장소를 그린 그림.
높은 산꼭대기에서 내려다본 고장의 모습을 그린 지도.
전동 열차 노선을 그린 지도.
고장의 여러 정보를 써 넣기 위한 기본 지도.

사용하기

디지털 영상 지도를 보여 주는 웹 사이트에서 우리 고장의 문화유산이 있는 장소를 찾고자 합니다. 검색어로 적절하지 않은 낱말에 밑줄 치세요.

궁궐
도서관
박물관
성곽
왕릉

참여하기

디지털 영상 지도는 '일반 지도'로 볼 수도 있고, '실물 지도'를 선택하여 볼 수도 있습니다. 그런데 사람들은 대개 '일반 지도'로 봅니다. 그 까닭은 무엇일까요? 스스로 생각하여 쓰세요.

10

고장의 문화유산

사회 3학년

경상북도 경주에는 오래전에 지은 '불국사'가 있고, 그곳에는 '다보탑'과 '석가탑'이 있습니다. 불국사 뒤편의 토함산에는 '석굴암'이 있고, 그곳에는 돌부처인 '본존불'이 있습니다. 이 두 곳은 우리나라의 유명한 사원이며 국보(나라의 보배)로 지정된 만큼 우리의 뛰어난 문화유산입니다. '문화유산'이란 무엇일까요? 한자어인 문화유산(文化遺産)은 '문화'와 '유산'이 합해진 낱말입니다. '문화(文化)'라는 한자어의 문(文)에는 '글' 말고도 여러 뜻이 있습니다. 즉, 문(文)은 '글, 책, 빛깔, 무늬, 아름다운 모양, 학문, 예술, 법도, 예의' 등의 여러 뜻으로 사용됩니다. 모두 소중하고 아름다운 뜻을 품고 있는 말들입니다. 그래서 문화(文化)의 뜻을 '사람들이 이룬 소중하고 아름다운 것'이라고 말할 수 있겠습니다. 그럼, 유산(遺産)이란 무엇일까요? 오늘날 유산(遺産)은 '죽은 사람이 남긴 재산'을 뜻하는 말로 주로 사용되지만, 그 본뜻은 '앞 세대가 물려준 물건이나 문화'입니다. 그러므로 '문화유산'을 한자어대로 뜻풀이하면, '앞 세대가 물려준 소중하고 아름다운 것'이라고 말할 수 있겠습니다. 그래서 문화유산은 '조상 대대로 전해 온 문화 중에서 다음 세대에 물려줄 만한 소중한 것'입니다.

불국사와 석굴암만큼 유명하지는 않더라도, 고장마다 여러 문화유산이 있습니다. 옛날 학교인 '향교', 외침을 막으려고 쌓은 '성벽', 종교의 믿음으로 지은 오래된 '사찰'과 '석탑', 우리 조상들의 생활을 느낄 수 있는 '민속촌' 등은 우리나라 지방 곳곳에 있는 문화유산입니다. 단 하나뿐인 문화유산도 있습니다. 세종 대왕께서 만드신 『훈민정음』, 이순신 장군께서 남기신 『난중일기』, 과학 발명품인 '자격루'와 '측우기', 아름다운 예술 작품인 '천마도'와 '청자 기린형 뚜껑 향로'(고려청자)도 우리의 소중한 문화유산입니다. 이렇게 우리 문화유산으로는 '건물, 건축, 불상, 탑, 책, 과학 발명품, 그림, 공예품' 등등이 있습니다. 그리고 이런 문화유산은 모두 모양도 있고, 만질 수도 있고, 보관할 수도 있습니다. 그래서 이런 문화유산을 '유형 문화유산'이라고 합니다. 유형(有形)은 한자어입니다. '있을 유(有)', '모양 형(形)'입니다. 그래서 유형 문화유산은 '형체가 있는 문화유산'입니다.

반면에, 모양이 없어서 만질 수도 없고, 보관할 수도 없는 문화유산도 있습니다. 그것을 '무형 문화유산'이라고 합니다. 무형(無形)도 한자어입니다. '없을 무(無)', '모양 형(形)'입니다. 따라서, 무형 문화유산은 '형체가 없는 문화유산'입니다. 무형 문화유산으로는 '민요, 판소리, 민속 음악, 민속춤, 민속 공예 기술, 민속 건축 기술' 등이 있습니다. 노래와 음악은 소리여서 모양은 없습니다. 춤은 눈에 보이지만 보관할 수는 없습니다. 공예나 건축 기술은 전문가의 재능이라서 형체가 없습니다. 그래서 그런 것들을 '무형 문화유산'이라고 이름 지어 '유형 문화유산'과 구별합니다. 대신에 이런 무형 문화유산은 각 분야의 전문가가 그 재능과 기술을 간직하고 있습니다. 그래서 그분들을 일컬어 '인간문화재'라고 합니다. 유형 문화유산이 슬기와 멋을 아는 우리 조상들이 만들어 놓은 것이듯, 무형 문화유산도 오늘날의 전문가들이 슬기롭고 아름답게 간직하여 대를 잇고 있습니다.

나무 문해력 익히기

□에 알맞은 말을 쓰세요.

인간 □□□

□□ 문화유산:
민요, 판소리, 민속 음악, 민속춤, 민속 공예 기술, 민속 건축 기술

유형 □□ 유산:
건물, 건축, 불상, 탑, 책, 과학 발명품, 그림, 공예품

문화유산의 의미

이해하기 1

'문화유산'의 뜻풀이입니다. □에 알맞은 낱말을 쓰세요.

조상 대대로 전해 온 □□ 중에서
다음 □□에 물려줄 만한 소중한 것

이해하기 2

유형 문화유산이 아닌 문화유산에 밑줄 치세요.

불국사 석가탑
민속 공예 기술
『난중일기』
향교

판단하기

오른쪽의 문화유산이 '유형 문화유산'인지 '무형 문화유산'인지 구별하여 그 대응에 알맞게 선으로 연결하세요.

무형 문화유산 •
　　　　　　　　　　• 민요
　　　　　　　　　　• 천마도
　　　　　　　　　　• 판소리
　　　　　　　　　　• 민속 음악 악보
　　　　　　　　　　• 민속 음악
유형 문화유산 •
　　　　　　　　　　• 자격루

사용하기

경상북도 경주를 다녀와 일기를 썼습니다. 일기에 나오는 문화유산 중에서 유형 문화유산에는 붉은색으로 밑줄을 치고, 무형 문화유산에는 파란색으로 밑줄 치세요.

　　불국사에서 본 다보탑의 모양은 매우 독특했다. 그것은 일반적인 민속 건축 기술로 쌓은 전통 석탑과 달랐다. 그런 예술의 멋을 인간문화재들이 이어서 전수하면 좋겠다.

참여하기

인간문화재는 사람입니다. 그래서 인간문화재는 형체가 있는 문화유산인 듯한데 왜 유형 문화유산이 아닌 무형 문화유산으로 지정했을까요? 그 까닭을 쓰세요.

11

옛날과 오늘날의 통신 수단

사회 3학년

통신 수단이란 무엇일까요? '통신 수단'은 '통신+수단'인 셈입니다. 즉, 통신 수단은 '통신'이라는 낱말과 '수단'이라는 낱말을 합하여 만든 말입니다. 통신(通信)은 한자어입니다. 그 한자는 '통할 통(通)', '믿을 신(信)'입니다. 그래서 이 두 한자의 대표적인 뜻만으로는 통신의 낱말 뜻이 알쏭달쏭합니다. 하지만 통(通)은 '통한다'라는 뜻 말고도 '왕래한다'라는 뜻으로도 쓰입니다. 또한 신(信)은 '편지'라는 뜻도 갖고 있어서 통신(通信)은 '편지 왕래'라고 해석할 수 있습니다. 더 정확한 '통신'의 의미는 '소식이나 정보를 전달함'입니다. 그런데 옛날에는 급히 알릴 일이 생기면 여러 방법으로 서둘러 전했습니다. 바다의 배에서 '신호 연'을 띄운다든지, 성곽에서 '봉화'를 피운다든지, 북을 치거나 훈련된 새의 다리에 편지를 묶어 보내는 일이 그것이었습니다. 이런 통신 수단은 외적이 침입했다든지, 지방에 큰 재난이 일어났을 때 주로 사용했습니다. 이런 급한 일을 사람이 직접 가서 편지로 알리려면 시간이 더 많이 걸렸기 때문입니다. '수단'의 말뜻은 '어떤 목적을 이루기 위해 사용하는 방법이나 도구'입니다. 그러므로 통신 수단의 뜻은 '소식이나 정보를 전달하려고 사용하는 방법이나 도구'입니다.

옛날 우리 조상들이 사용한 '통신 수단'은 무엇이었을까요? 기본적인 통신 수단은 '서찰'이었습니다. 서찰은 주로 '안부나 소식을 적어 사람을 보내서 전달하는 편지글'이었습니다. 오늘날에도 집배원을 통하여 보내는 '편지'가 있으니 이 통신 수단은 오래되었습니다. '파발'도 있었습니다. 파발은 '나라의 문서를 급히 보내기 위하여 지방 곳곳에 설치한 장소나 그곳에서 일하는 사람'을 일컫는 낱말입니다. 그곳에서 파발꾼들이 기다리고 있다가 전달할 문서를 받으면 파발마(말)를 타고 내달렸습니다. 또한, 사람들이 자주 다니는 길에는 게시판이 있었습니다. 그 게시판에는 종종 '방(榜)'이 나붙었습니다. 방(榜)은 과거 시험 합격자 이름 등의 소식을 백성들에게 알리려고 써 붙이는 글이었습니다. 그밖에도 우리 조상들은 앞에서 얘기한 '신호 연, 봉화, 북, 새'를 통하여 나라에 생긴 급한 소식을 전했습니다.

오늘날의 통신 수단은 '편지' 말고는 모두 전자 기기입니다. 휴대 전화·라디오·텔레비전·컴퓨터·내비게이션 등이 그것입니다. 특히 '휴대 전화'에는 여러 기능이 있습니다. 휴대 전화로는 음성·영상 통화, 문자 메시지, 전자 우편, SNS(누리 소통망)뿐만 아니라, 동영상과 텔레비전도 볼 수 있으며, 지도를 통하여 교통 안내도 받을 수 있습니다. 또한, 라디오와 텔레비전으로는 뉴스나 스포츠 등의 여러 정보를 실시간으로 듣고 볼 수 있으며, 컴퓨터로는 전화 통화를 제외한 휴대 전화의 기능들을 대부분 사용할 수 있습니다. 이렇게 오늘날 통신 수단에는 기능도 많고 특징도 많습니다. 첫째, 라디오나 텔레비전을 통하여 뉴스 등의 정보를 여러 사람에게 실시간으로 전달합니다. 둘째, 컴퓨터나 휴대 전화를 통하여 사진·영상·글 등의 많은 정보를 주고받습니다. 셋째, 휴대 전화나 컴퓨터를 통하여 여러 사람과 동시에 연락합니다. 넷째, 통신 기계 하나로 전자 우편, 날씨 예보, 동영상 등 다양한 정보를 이용합니다. 그러므로 오늘날은 과학 기술에 힘입어 발달한 통신 수단으로 여러 정보를 빠르고 편리하게 주고받습니다. 앞으로도 과학 기술이 발전하는 만큼 통신 수단도 계속 발달할 것입니다.

나무 문해력 익히기

□에 알맞은 말을 쓰세요.

□□□의 통신 수단:
편지, □□□□, 라디오,
텔레비전, 컴퓨터, 내비게이션

□□ 수단의 의미

옛날의 통신 수단:
서찰, 파발, 방(榜),
신호 □, 봉화, 북, 새

이해하기 1

옛날에는 급히 알릴 일이 생기면 여러 방법으로 서둘러 전했습니다. 그 방법이 아닌 것에 밑줄 치세요.

파발
봉화
신호 연
방(榜)
북

이해하기 2

'파발'의 뜻풀이입니다. □에 알맞은 말을 쓰세요.

옛날에 나라의 □□ 를 급히 보내기 위하여
□□ 곳곳에 설치한 장소나 그곳에서 일하는 사람

판단하기

옛날 통신 수단 중에는 '봉화, 파발, 신호 연, 북, 훈련된 새'가 있습니다. 편지글을 담은 '서찰'이 있는데 왜 굳이 이런 통신 수단을 사용했을까요? 맞는 말에 밑줄 치세요.

서찰을 전달하는 심부름꾼을 구하기가 불편했기 때문이다.

봉홧불을 피우고, 신호 연을 띄우는 게 더 쉬웠기 때문이다.

훈련된 새가 심부름꾼보다 편지 전달을 더 잘했기 때문이다.

급한 일을 사람이 직접 가서 편지로 알리려면 시간이 더 많이 걸렸기 때문이다.

사용하기

옛날의 통신 수단과 오늘날의 통신 수단 중에서 비슷한 성격으로 묶은 것에 밑줄 치세요.

봉화 / 휴대 전화

파발 / 내비게이션

서찰 / 편지

신호 연 / 텔레비전

참여하기

오늘날의 통신 수단은 무척 발달했습니다. 통신을 실시간으로 전달할 수 있을뿐더러 여러 탁월한 기능을 갖추고 있어서 옛날의 통신 수단에 비하면 장점이 많습니다. 그럼, 오늘날의 통신 수단에 비하여 옛날의 통신 수단의 장점은 무엇일까요? 곰곰이 생각하여 쓰세요.

12

자연환경에 따른 의식주 생활

사회 3학년

사람에게 꼭 필요한 사물은 무엇일까요? 책일까요, 컴퓨터일까요? 휴대 전화일까요, 텔레비전일까요? 물론, 책·컴퓨터·휴대 전화·텔레비전도 중요하고 필요한 물건입니다. 하지만 이것들에 앞서서 꼭 필요한 것이 있습니다. 그것은 '옷·음식·집'입니다. 이 세 가지를 간단히 말해서 '의식주'라고 합니다. 의식주(衣食住)는 한자어입니다. '옷 의(衣)', '밥 식(食)', '살 주(住)'입니다. 그래서 의식주를 한자대로 뜻풀이하면, '옷과 밥과 거주'입니다. 다시 말하면, 의식주는 '옷과 음식과 집을 통틀어 이르는 말'입니다. 왜 의식주는 사람에게 꼭 필요할까요? 옷이 없으면 사람은 벌거숭이가 됩니다. 한여름에는 옷이 없어도 살 수는 있겠지만 창피할 테고, 뙤약볕에 피부가 데일 것입니다. 봄가을에는 추울 테고, 겨울에는 추위에 살아남지 못할 것입니다.

더욱이, 음식이 없으면 사람은 굶을 수밖에 없습니다. 물은 일주일, 밥은 보름만 먹지 않으면 사람은 생명을 유지할 수 없습니다. 집이 없이 산다면 어떨까요? 집은 없어도 음식과 옷처럼 목숨이 위태롭지는 않겠지만, 무척 불편할 겁니다. 추위와 더위를 옷으로만 해결하기는 힘들뿐더러, 잠자리도 편하지 않아서 집도 사람들에게 중요합니다. 그러므로, 사람이 살아가려면 '의식주'는 꼭 필요합니다. 옷은 사람의 몸을 보호해 주고, 음식은 사람에게 영양분을 주고, 집은 사람을 안전하고 편안하게 해 주기 때문입니다.

그런데, 의식주는 계절과 날씨와 땅의 생김새 등의 자연환경에 따라 달라집니다. 자연환경의 영향을 받기 때문입니다. 자연환경에 따른 의생활(衣生活)은 어떨까요? 여름에는 더워서 사람들은 바람이 잘 통하는 얇은 옷을 입고, 샌들(sandal)을 신기도 합니다. 뜨거운 햇볕을 막기 위해 모자를 쓰기도 합니다. 반면에, 겨울에는 추위를 막기 위해 두꺼운 옷을 입고, 털신이나 부츠를 신거나 목도리나 장갑을 착용하곤 합니다. 예컨대, 사막에 사는 사람들은 뜨거운 햇빛과 모래바람을 막으려고 온몸을 휘감는 긴 옷을 입고, 머리에도 천을 둘러 감습니다. 시베리아처럼 무척 춥고 눈이 많이 내리는 지역의 사람들은 동물의 털이나 가죽으로 만든 두꺼운 옷을 입습니다.

자연환경에 따른 식생활(食生活)은 어떨까요? 사람들은 계절에 따라서 제철 음식을 만들어 먹습니다. 예컨대, 여름에 농사지은 배추는 가을에 수확합니다. 그래서 우리나라 사람들은 맛있는 가을배추로 겨울 동안 먹을 김장을 합니다. 또한, 우리나라는 동해·서해·남해가 있어서 해산물이 풍부합니다. 그래서 옛날부터 바다와 가까운 고장에서는 여러 생선과 젓갈을 자주 먹습니다. 반면에, 충청북도처럼 바다에서 먼 지역은 해산물보다는 대개 나물 같은 반찬으로 밥상을 차립니다.

자연환경에 따른 주생활(住生活)은 어떨까요? 오늘날에는 서울이나 제주도나 집의 특성이 구별되지 않습니다. 하지만, 건축 재료를 주변에서 얻을 수밖에 없었던 옛날에는 고장마다 날씨와 주변 자연환경에 따라 집의 재료와 모양이 달랐습니다. 예컨대, 제주도는 바람이 많이 불고, 돌이 많은 고장입니다. 그래서 제주도에서 집을 지을 때는 돌을 많이 사용했습니다. 돌은 나무보다 무거워서 바람에 잘 견디고, 그 재료는 주변에 흔했기 때문입니다. 이렇게 자연환경은 우리나라뿐만 아니라 세계 곳곳의 사람들의 의식주에 큰 영향을 끼쳐 왔습니다. 그러므로, 어느 곳이든 사람들은 주변 자연환경에 따라 옷과 음식과 집을 만들었습니다.

나무 문해력 익히기

□에 알맞은 말을 쓰세요.

□□□□에 따른 주생활(住生活)

자연환경에 따른 □□□(食生活)

자연환경에 따른 의생활(衣生活)

의식주의 의미와 중요성

이해하기 1

'의식주'의 뜻에 알맞은 낱말을 □에 쓰세요.

의식주는 옷과 □□과 □을 통틀어 이르는 말이다.

이해하기 2

자연환경에 따른 의생활의 설명입니다. 옳은 문장에 밑줄 치세요.

제주도는 바람이 세고 돌이 많아서 집을 지을 때는 돌을 많이 사용했다.
옛날부터 바다와 가까운 고장에서는 여러 생선과 젓갈을 자주 먹는다.
무척 추운 지역의 사람들은 동물의 털이나 가죽으로 만든 옷을 입는다.

판단하기

'의식주'의 역할입니다. □에 알맞은 낱말을 쓰세요.

옷은 사람의 몸을 □□ 해 주고,
음식은 사람에게 □□□ 을 주고,
□ 은 사람을 안전하고 편안하게 해 준다.

사용하기

뜨거운 햇빛과 모래바람을 막으려고 온몸을 휘감는 긴 옷을 입고, 머리에도 천을 둘러 감는 의생활을 하는 사람들이 생활하는 곳은 어디일까요? 알맞은 지역에 밑줄 치세요.

남아메리카 밀림
시베리아 벌판
서아시아 사막
동아시아 섬

참여하기

의, 식, 주 중에서 가장 우선하는 것 두 가지만 고른다면 무엇일까요? 스스로 생각하여 고르고, 고른 까닭을 쓰세요.

과학

3학년

13

동물의 한살이

과학 3학년

지구에서 가장 많은 동물은 어떤 종류일까요? 물고기일까요? 새일까요? 그것은 곤충입니다. 오늘날 알려진 어류는 약 3만 종이고, 조류는 약 9천 종이고, 포유류는 약 5천 종이고, 양서류와 파충류는 각각 약 6천 종이고, 무척추동물은 10만 종입니다. 그런데 곤충류는 무려 80만 종이 넘는다니, 곤충은 다른 모든 동물을 합친 것보다 월등히 많습니다. 동물 전체의 $\frac{8}{10}$이 곤충입니다. 그런 곤충의 머리에는 한 쌍의 더듬이와 겹눈이 있고, 가슴에는 두 쌍의 날개가 있으며, 세 쌍의 다리가 있습니다. 이런 특징을 갖고 있는 모든 동물을 곤충이라고 합니다.

곤충은 다른 동물과 다르게 성장하면서 몇 번의 탈바꿈을 합니다. 예전에는 이 성장 단계를 '모습을 바꾼다'는 뜻으로서 변태(변할 변[變], 모습 태[態])라고 했습니다. 예컨대 배추흰나비처럼 곤충은 알로 태어나, 애벌레와 번데기 과정을 겪으며 성충으로 자랍니다. 이 네 과정을 모두 겪는 곤충을 '완전 탈바꿈'이라고 합니다. 반면에 사마귀나 잠자리처럼 번데기 과정 없이 애벌레 단계에서 바로 성충이 되는 것을 '불완전 탈바꿈'이라고 합니다. 그런데 많은 곤충은 성충이 되면 마치 철갑옷을 입은 듯 몸의 겉면이 딱딱해집니다. 늘 위험이 도사리는 자연환경에서 갑옷 같은 피부는 자신을 보호하기 위한 것입니다. 하지만 딱딱한 피부에 갇힌 몸은 더 이상 자랄 수 없습니다.

성충이 되기까지 자란 곤충은 번식을 위해 짝짓기를 하고는
얼마 지나지 않아 일생을 마칩니다. 곤충뿐만 아니라 모든 동물은
태어나 자라서 번식을 하고는 제 수명대로 살다가 생명을 마칩니다.
이 공통된 과정을 '동물의 한살이'라고 합니다. 동물들은 생존을
위해 자신을 보호하고 먹잇감을 찾는 일에 힘을 쓰면서도 자손을
번식하는 일에도 애씁니다. 그래서 대개는 암컷에게 선택 받기
위해 수컷들은 온갖 노력을 다합니다. 번식을 위해서라면 수컷
사마귀처럼 짝짓기를 마친 후 암컷에게 제 목숨을 내놓기도 합니다.

   동물들은 알을 낳거나 새끼를 낳아 번식합니다. 알로 낳는
경우를 난생(알 난[卵], 날 생[生])이라고 하고, 새끼로 낳는
경우를 태생(아이 밸 태[胎], 날 생[生])이라고 합니다. 난생의
경우는 대개는 태생의 경우보다 많은 수를 낳습니다. 태생은 모든
포유동물처럼 새끼를 어미 배 속에서 어느 정도 자라게 한 뒤에
낳기 때문에 그 수가 많을 수 없습니다. 반면에 알은 비교적 크기가
작아서 곤충이나 물고기는 한 번에 수많은 알을 낳습니다.

   태생이든 난생이든 포유동물이나 새들처럼 적은 수의 새끼를
낳는 동물들은 몇 안 되는 자손의 생존 가능성을 높이기 위해 갓
낳은 새끼가 스스로 살아갈 수 있기까지 정성을 다해 보살핍니다.
반면에 곤충, 물고기, 거북, 개구리같이 많은 수의 알을 낳는
동물들은 그저 낳기만 할 뿐 새끼들을 전혀 돌보지 않습니다.
새끼의 수가 워낙에 많아서 일일이 돌볼 수도 없거니와 그중 일부는
살아남기 때문입니다.

나무 문해력 익히기

□에 알맞은 말을 쓰세요.

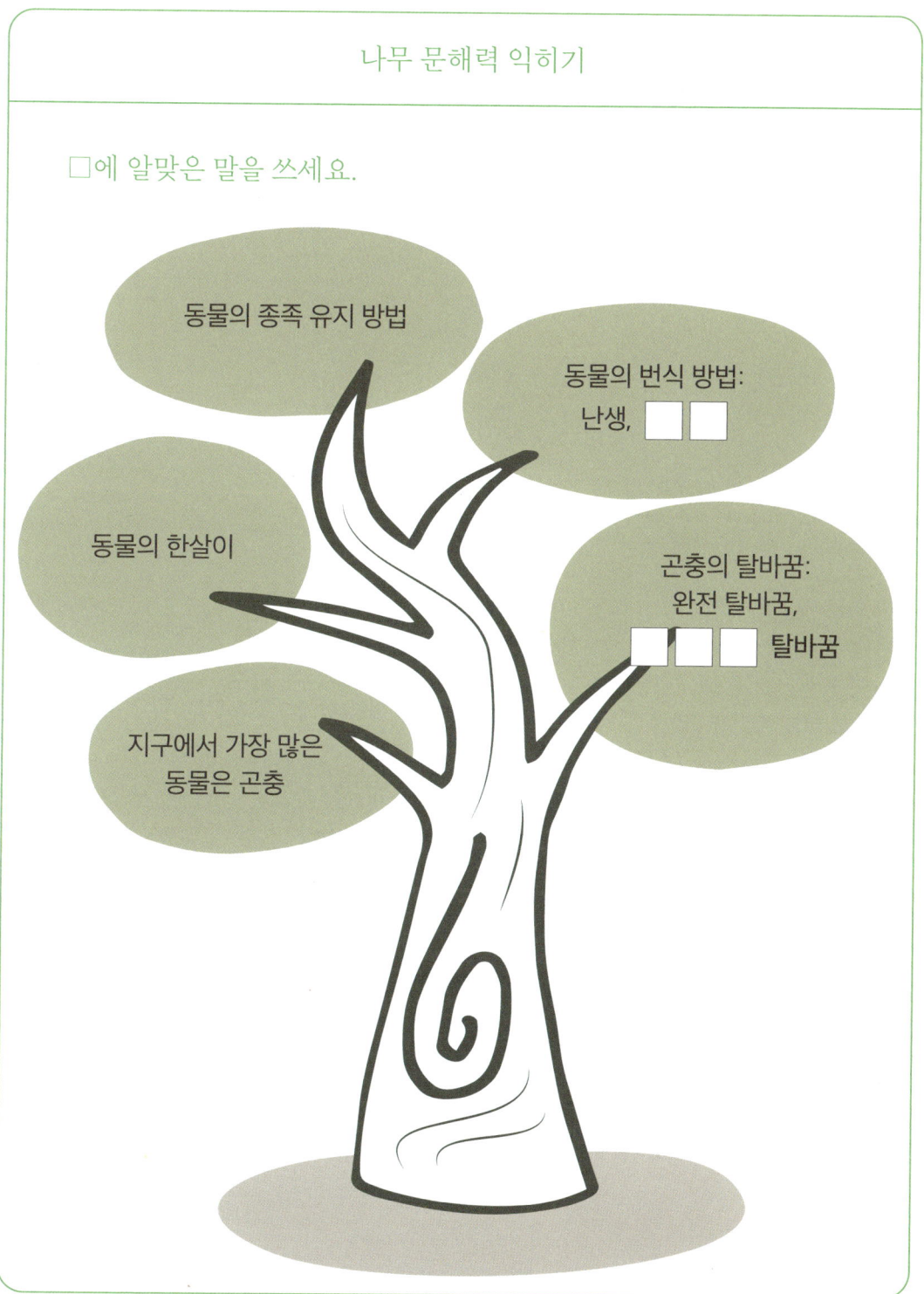

이해하기 1

지구에서 가장 많은 동물은 어떤 종류일까요? 그 종류에 밑줄 치세요.

새
물고기
곤충
포유류
파충류

이해하기 2

곤충의 '완전 탈바꿈'은 네 단계입니다. 그 세 번째 단계는 무엇인가요? □에 그 낱말을 쓰세요.

알 → 애벌레 → □□□ → 성충

판단하기

곤충과 물고기처럼 한 번에 많은 알을 낳는 동물은 새끼들을 전혀 돌보지 않습니다. 그 까닭으로 옳지 않은 문장에 밑줄 치세요.

알로 태어난 새끼의 수가 너무 많아서 일일이 돌볼 수 없기 때문.
많은 수의 새끼 중에서 일부는 살아남기 때문.
알로 태어난 새끼는 돌보지 않아도 생존할 가능성이 높기 때문.
많은 수의 알을 낳아 번식 성공 가능성을 높일 수 있기 때문.

사용하기

잠자리는 '불완전 탈바꿈' 하는 곤충입니다. 잠자리는 보기 중에서 어떤 과정을 거치지 않나요? 알맞은 낱말에 밑줄 치세요.

애벌레
번데기
알
성충

참여하기

포유류 등의 다른 동물들은 태어난 상태에서 몸의 크기만 자랄 뿐, 탈바꿈은 하지 않습니다. 그런데 왜 곤충은 서너 과정의 탈바꿈을 할까요? 곤충이 탈바꿈을 하는 까닭을 곰곰이 생각하여 쓰세요.

14

자석의 양극

과학 3학년

철(쇠)을 끌어당기거나 남쪽이나 북쪽을 가리키는 자연 성질을 '자기'라고 합니다. 자석은 자기를 가진 천연 광석입니다. 예전에는 자석을 '남쪽을 가리키는 철'이라는 뜻으로 지남철(指南鐵)이라고 불렀습니다. 즉, 지남철(指南鐵)의 한자는 '가리킬 지(指)', '남쪽 남(南)', '쇠 철(鐵)'입니다. 하지만 천연 자석의 물질은 '철'이 아니라 '돌'입니다. 그래서 자석(磁石)의 한자가 '자석 자(磁)', '돌 석(石)'입니다. 물론 오늘날은 필요에 따라 강철에 인공적으로 자기를 띠게 하여 자석처럼 사용하기도 합니다.

오래전에 사람들이 자석을 발견했습니다. 그 후로 아주 먼 곳까지 가서 물건을 거래하는 여러 상인이나 모험가, 순례자가 자석을 이용하여 이동하면서 방향을 잘 잡아 목적지를 찾아갈 수 있었습니다. 바로 자석의 원리를 이용한 나침반을 만들어 사용한 것입니다. 방향은 크게 구분하면 동서남북으로 나눌 수 있는데, 나침반 바늘의 양끝 방향이 항상 대칭으로 남과 북을 가리키기에 가능했던 일입니다. 바다에서든 육지에서든 자석으로 만든 나침반 바늘의 S극은 언제나 남쪽을 가리키고, N극은 항상 북쪽을 가리키기 때문에 동서남북 네 방향을 알아차린 것입니다.

나침반의 바늘은 왜 일정한 방향만을 가리키는 걸까요? 그것은 지구 자체가 커다란 자석이기 때문입니다. 그런데 사실은 지구의 북극은 S극이고, 지구의 남극은 N극입니다. S극은 영어의 South(남쪽)에서 나온 기호이고, N극은 North(북쪽)에서 나온 기호입니다. 그래서 남극이 S극이고, 북극이 N극이어야 맞을 듯합니다. 하지만 실제로는 정반대입니다. 그 까닭은 자기(자석)의 원리 때문입니다. 즉, 같은 극끼리는 서로 밀어내고, 다른 극끼리는 서로 잡아당기는 자기(자석)의 원리가 그것입니다. 지구의 북극이 S극이기 때문에 나침반 바늘의 N극이 그 방향으로 이끌리게 되고, 지구의 남극이 N극이기 때문에 나침반 바늘의 S극이 그 방향으로 이끌리게 되는 것입니다. 그러니 북쪽과 남쪽의 이름은 나침반 바늘이 지시하는 방향에 따라 정해진 것입니다.

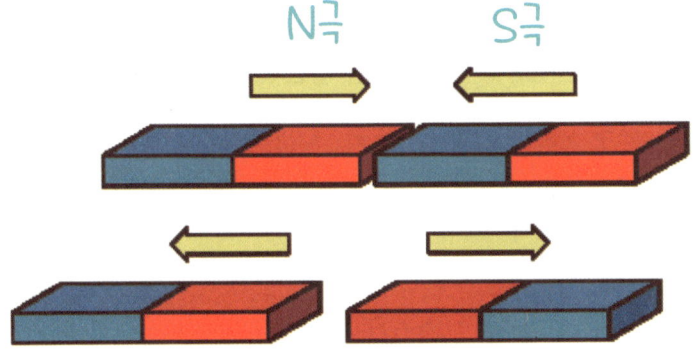

나무 문해력 익히기

□에 알맞은 말을 쓰세요.

이해하기 1

□에 알맞은 낱말을 쓰세요.

자기는 철(쇠)을 끌어당기거나
남쪽이나 □□ 을 가리키는 자연 성질을 갖고 있다.

이해하기 2

'나침반 바늘'의 성질입니다. □에 알맞은 말을 쓰세요.

나침반의 S극은 언제나 지구의 □쪽을 가리키고,
N극은 항상 지구의 □쪽을 가리킨다.

판단하기

자기(자석)의 성질에 대한 설명으로 옳은 문장에 모두 밑줄 치세요.

S극과 N극은 서로 밀어낸다.
S극과 N극은 서로 잡아당긴다.
N극과 N극은 서로 밀어낸다.
S극과 S극은 서로 잡아당긴다.

사용하기

북쪽으로 가야 하는 나그네가 있습니다. 그는 나침반을 보고 갈 것입니다. 옳은 판단에 밑줄 치세요.

나침반의 N극이 가리키는 방향으로 가야 한다.
나침반의 S극이 가리키는 방향으로 가야 한다.
나침반의 N극이 가리키는 방향의 왼쪽으로 가야 한다.
나침반의 S극이 가리키는 방향의 오른쪽으로 가야 한다.

참여하기

'지구 자체가 커다란 자석'이라는 것을 어떻게 알 수 있을까요? 나침반의 기능을 생각하여 답변하세요.

15

달에는 없고
지구에는 있는 것

과학 3학년

달에는 없고 지구에는 있는 것

달에는 없고 지구에는 있어요.
그것은 공기예요.
공기는 지구를 감싸고 있어요.

달에는 없고 지구에는 있어요.
그것은 물이에요.
지구에는 물이 엄청나게 많아요.

달에는 없고 지구에는 있어요.
그것은 알맞은 온도예요.
지구에는 따뜻한 곳이 많아요.

달에는 없고 지구에는 있어요.
그것은 생물이에요.
지구에는 동물과 식물이 많아요.

달에게는 없고 지구에게는 있어요.

그것은 위성이에요.
지구 주위를 도는 달이 그거예요.

지구에 있는 게 달에도 있다면
달 사람도, 달 토끼도 있을 테니
달나라 여행이 인기일 거예요.

하지만 달에는 공기도 물도 없고
너무 춥거나 너무 뜨거워서
생물이 살 수 없어요.

달과 지구가 같은 점도 있어요.
크기와 색깔은 다르지만
공처럼 생긴 모양은 같아요.

나무 문해력 익히기

□에 알맞은 말을 쓰세요.

달과 □□의 같은 점

달의 상태

달에는 없고 지구에는 있는 것: □□

달에는 없고 □□에는 있는 것: 생물

달에는 없고 지구에는 있는 것: 알맞은 □□

달에는 없고 지구에는 있는 것: 물

달에는 없고 지구에는 있는 것: 공기

이해하기 1

앞의 동시의 내용입니다. □에 알맞은 낱말을 찾아 쓰세요.

달에는 없고 지구에는 있어요.
그것은 □□이에요.
지구에는 동물과 □□이 많아요.

이해하기 2

지구에도 있고 달에도 있는 것에 밑줄 치세요.

물
공기
온도
위성
생물

판단하기

자연 상태의 달에서는 왜 생물이 살 수 없을까요? 알맞은 대답에 모두 밑줄 치세요.

지구에 비하여 달의 크기가 너무 작기 때문이다.
지구에는 있는 위성이 달에는 없기 때문이다.
달에는 공기와 물이 없기 때문이다.
달에서 밤은 너무 춥고 낮은 너무 뜨겁기 때문이다.
지구의 동물과 식물이 없기 때문이다.

사용하기

달에서도 사람이 살 수 있으려면 달의 자연환경이 어떠해야 할까요? 적절하지 않은 대답에 밑줄 치세요.

숨을 쉴 수 있는 공기가 충분히 있어야 한다.
마시고 사용할 수 있는 물이 충분히 있어야 한다.
지구와 달을 왕래할 수 있는 우주선이 만들어져야 한다.
생활하기 알맞은 온도에서 거주할 수 있어야 한다.

참여하기

앞의 동시는 달에는 없고 지구에는 있는 것을 비교합니다. 그중 네 가지는 자연환경입니다. 그 네 가지 환경 조건이 무엇인지 서술하세요.

16

지표의 변화

과학 3학년

지구의 바깥쪽을 차지하는 범위를 '지각'이라고 합니다. 지각의 겉면을 '지표(地表)'라고 합니다. 한자로 '땅 지(地)', '겉 표(表)'입니다. 그래서 지표는 땅의 겉면을 뜻합니다. 지표는 산 같은 거대한 암석이거나, 암석에서 쪼개져 나온 바위이거나, 바위가 부서진 돌이거나, 돌이 잘게 부서진 흙으로 되어 있습니다. 이렇게 암석에서 쪼개져 나온 바위나 돌이나 흙은 아주 오랜 시간이 흐르는 동안 햇빛에 열을 받고, 추운 날씨에 얼었다가 녹고, 비바람에 깎이고, 홍수에 불어난 계곡물이나 강물에 휩쓸리고, 바다의 파도에 닳고, 자라나는 나무뿌리의 힘에 쪼개지면서 서서히 부서진 결과로 생긴 자연 현상입니다. 그 자연 현상을 '풍화 작용'이라고 합니다.

풍화 작용은 침식 작용으로 이어집니다. 비가 내리면 곳곳의 빗물이 모여 강물을 이루는데, 산속에서부터 시작된 강물은 계속 흐르면서 바위를 깎고 돌을 부수어 하류로 내려 보냅니다. 또한 천년 된 낙숫물이 바위를 뚫는다는 말이 있듯이, 비바람에 깎인 암석과 바위와 돌이 아주 천천히 흙이 되어서 원래 있던 자리에서 아래쪽으로 이동합니다. 이렇듯 산이든 강이든 바다이든, 차츰차츰 아래쪽으로 이동해서 지표를 변화시키는 현상을 '침식'이라고 합니다. 침식(浸蝕)의 한자는 '잠길 침(浸)', '갉아 먹을 식(蝕)'입니다.

침식 작용은 다시 퇴적 작용으로 이어집니다. 풍화와 침식을 통해 지표의 암석이 바위와 돌과 흙이 되면서 생명을 다한 생물의 부스러기까지 함께 섞여 땅에 켜켜이 쌓이거나, 바람에 실려 날아가거나, 상류의 물에 휩쓸려 하류로 흘러가서 쌓이는 자연 현상을 '퇴적 작용'이라고 합니다. 퇴적(堆積)의 한자는 '쌓을 퇴(堆)', '쌓을 적(積)'입니다.

퇴적된 흙은 기후나 지형 환경에 따라 성질이 다릅니다. 바다와 맞닿은 완만한 지형의 흙은 밀가루처럼 곱게 퇴적되어 개펄을 이루기도 합니다. 그리고 산이나 들에는 죽은 생물의 부스러기가 많이 섞여 쌓인 황토 흙이 많습니다. 또한 맑은 강물 바닥이나, 바람이 세게 불고 건조한 기후 환경에 있는 흙은 대부분 모래입니다.

이렇게 흙은 환경에 따라 성질은 달라도 지구의 표면을 덮고 있습니다. 흙이 없다면 땅에서 생활하는 대부분의 생물은 살아가지 못할 것입니다. 그러므로 땅에서 살아가는 모든 생물은 '흙수저'로 태어나 흙에서 살다가 끝내는 흙으로 되돌아갑니다. 다음 생물들에게 생명이라는 바통을 전달해 주면서 말입니다. 그것이 한자 그대로, '스스로[自] 그러한[然]' 자연(自然)입니다.

나무 문해력 익히기

□에 알맞은 말을 쓰세요.

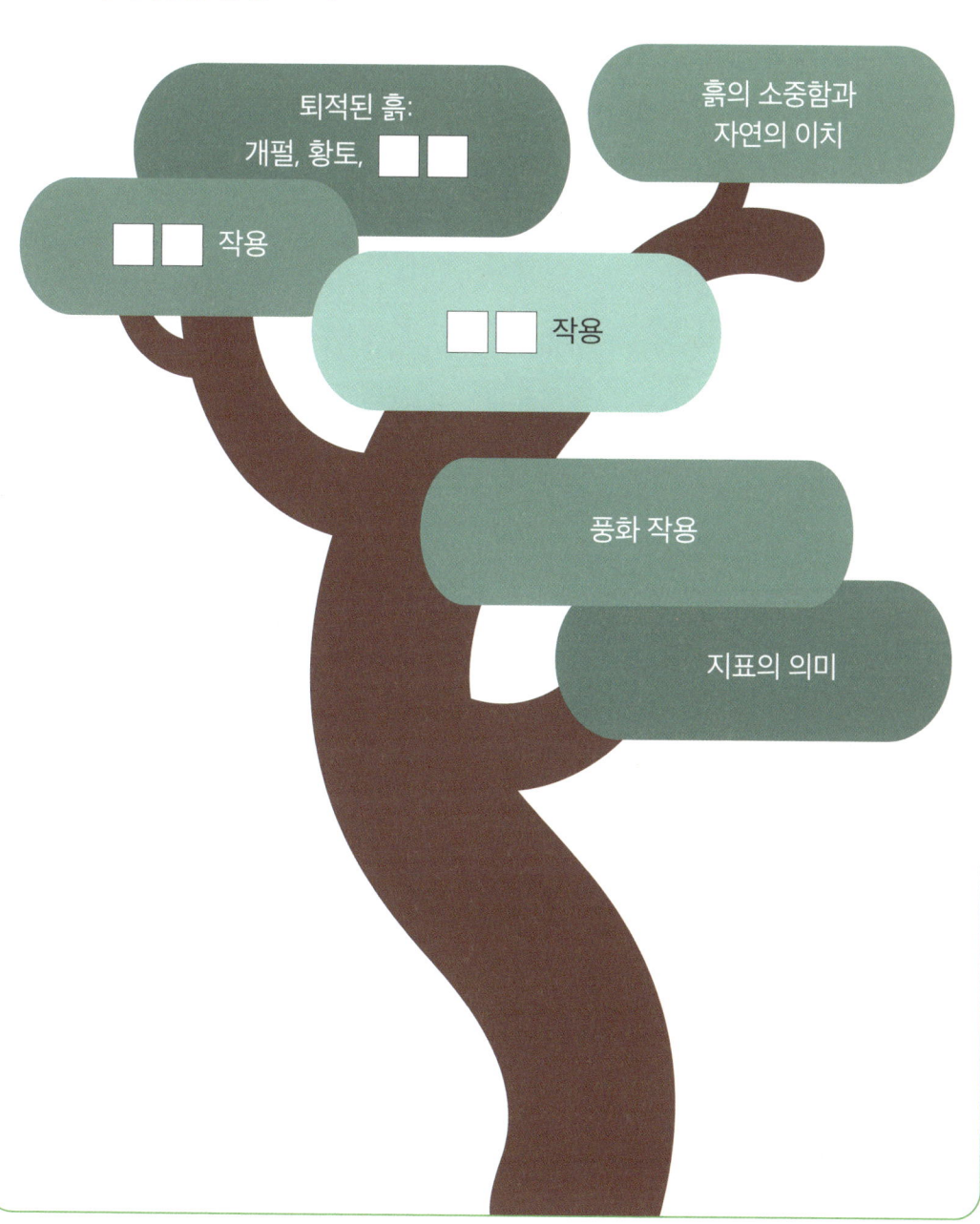

이해하기 1

□에 알맞은 말을 쓰세요.

지 □ 은 '지구의 바깥쪽을 차지하는 범위'를 뜻하며,
지 □ 는 '땅의 겉면'을 뜻한다.

이해하기 2

암석이 바위와 돌과 흙이 되면서 죽은 생물의 부스러기까지 함께 섞여 땅에 켜켜이 쌓이는 자연 현상을 무엇이라고 하나요? 맞는 말에 밑줄 치세요.

풍화 작용
침식 작용
퇴적 작용
퇴화 작용

판단하기

퇴적된 흙에 대한 설명입니다. 틀린 설명에 밑줄 치세요.

바닷가의 완만한 지형의 흙은 곱게 퇴적되어 개펄을 이룬다.
산에는 죽은 생물의 부스러기가 섞여 쌓인 황토 흙이 많다.
암석으로 이루어진 산의 흙은 대부분이 진흙이다.
맑은 강물 바닥이나 건조한 기후 환경의 흙은 모래가 많다.

사용하기

초등학교 3학년 학생이 산속 계곡에서 휴가를 보낸 날 쓴 일기입니다. □에 알맞은 말을 쓰세요.

옛날부터 이 계곡물은 계속 하류로 흘렀을 것이다. 오랜 세월 동안 암석이 깨져 바위가 되고, □□가 깨져 돌이 되고, □이 부서져 흙이 되면서 그 흙은 계곡물에 휩쓸려 아래쪽으로 이동했을 것이다. 과학 수업에서 배웠다. 이런 지표의 변화가 '□□ 작용'이라고.

참여하기

학교 운동장에는 대개는 모래흙이 덮여 있습니다. 그 모래흙이 운동장에 와 있기까지 어떤 과정이 있었을까요? 풍화 작용을 비롯한 여러 자연 현상을 생각하여 답변하세요.

해답

국어 3학년

1 높임말

나무 문해력 익히기
□에 알맞은 말을 쓰세요.

영어와 다른 우리말의 높임말
반말과 높임말
규칙이 있는 높임말
규칙이 없는 높임말
언어의 익힘 강조

이해하기 1
□에 알맞은 말을 쓰세요.

높임말의 비슷한말은 존댓말이다.
높임말의 반대말은 반말이다.

이해하기 2
반말을 높임말로 바꾸세요.

노래해 → 노래해요
일하고 → 일하시고
공부한다 → 공부합니다
반갑다 → 반갑습니다
할머니에게 → 할머니께
선생님이 → 선생님께서

판단하기
앞의 글에서 글쓴이는 한국어 하는 외국인이 누구에게나 높임말(존댓말)로 말하는 경우가 많은 까닭을 추측합니다. 그 추측에 밑줄 치세요.

한국어의 반말을 할 줄 모르기 때문이다.
한국어는 반말보다 높임말이 말하기 쉽기 때문이다.
말실수를 하지 않으려는 태도 때문이다.

사용하기
□에 높임말로 바꿔 쓰세요.

매일 달리기를 하던 할아버지가 마라톤 대회에 나갔다.

매일 달리기를 하시던 할아버지께서 마라톤 대회에 나가셨다.

참여하기
우리말은 영어, 프랑스어, 독일어, 스페인어 등의 서양 언어들과 다르게 높임말(존댓말)이 발달해 있습니다. 그 까닭은 무엇일까요? 스스로 생각하여 쓰세요.

그 까닭을 알아내기란 쉽지 않습니다. 하지만, 그 까닭을 논리적으로 생각해 볼 수는 있겠습니다. '논리적으로 생각하여 글로 표현하기'가 문해력의 큰 요소이므로 그 까닭을 생각해 보자고 한 것입니다. 우리나라 사람들이 예의를 차리는 것을 매우 중요하게 여겨서 언어도 그렇게 발달했을 수도 있겠습니다. 또는 사회적 신분이 여러 단계로 나뉘어져 있어서 그럴 수도 있겠습니다. 즉 윗사람과 아랫사람의 구별이 뚜렷했기 때문이라는 해석이 가능하겠습니다. 하지만 서양 사람들도 사회적으로 윗사람과 아랫사람의 구별이 뚜렷했을 테니 이 원인만으로는 높임말이 발달한 근거가 부족해 보입니다. 또 다른 논리적인 까닭들도 있겠습니다.

2 편지 쓰기

나무 문해력 익히기
□에 알맞은 말을 쓰세요.

편지의 의미와 쓰임
편지 쓰기의 형식과 순서
편지 받을 사람의 이름이나 관계를 씀
첫인사를 씀
전하고 싶은 말을 씀
끝인사를 씀
편지 쓴 날짜와 쓴 사람을 씀

이해하기 1
'편지'의 뜻풀이입니다. □에 알맞은 낱말을 쓰세요.

편지는 안부와 소식,
전하고 싶은 말을 적어서 보내는 글이다.

이해하기 2
편지를 쓸 때 맨 위에 무엇을 써야 할까요? 그 내용에 밑줄 치세요.

전하고 싶은 말을 쓴다.
편지 쓴 날짜와 쓴 사람을 쓴다.
첫인사를 한다.
편지 받을 사람의 이름이나 관계를 쓴다.

판단하기
오늘날 사람들은 종이 편지를 잘 주고받지 않습니다. 그 까닭으로 가장 적절한 대답에 밑줄 치세요.

우체국에 가서 편지를 부치는 일이 불편하므로.
우편료를 지불하지 않으려고.
종이 편지보다 핸드폰 문자 메시지가 빠르고 편리하므로.
종이에 손으로 글씨를 쓰는 일이 귀찮아서.
종이와 펜을 아끼려고.

사용하기
편지 쓰기의 순서에서 두 번째는 무엇인가요? 그 예문으로 알맞은 말에 밑줄 치세요.

그럼, 다음에 뵐 때까지 몸 건강하세요.
그리운 할머니께
할머니의 막내 손녀 이예림 드림.
할머니, 그동안 안녕하셨어요?

참여하기

편지 쓰기를 할 때 형식과 순서에 따라야 하는 까닭은 무엇일까요? 먼저, 편지 쓰기의 형식과 순서를 뒤바꾼 편지를 써 보고, 그 경험을 통하여 답변하세요.

예를 들겠습니다. 한 학생이 뒤죽박죽된 순서로 이렇게 편지를 썼습니다. '그럼, 다음에 뵐 때까지 몸 건강하세요. 그리운 할머니께. 할머니의 막내 손녀 이예림 드림. 할머니, 그동안 안녕하셨어요?' 어떤가요? 이런 형식과 순서로 쓴 편지를 받아 읽는 사람은 혼란스러울 것입니다. 그래서 편지 쓰기의 형식과 순서를 따라야 하는 것은 편지를 읽는 사람을 생각하는 마음에서 비롯되었습니다. 편지를 누구에게 쓰는지를 밝히고, 그 사람에게 인사를 하고, 편지로 할 말을 하고, 끝인사를 하고, 누가 언제 편지를 썼는지를 밝히는 일이 편지를 받는 사람을 위하는 일입니다.

3 어떤 일이 일어난 까닭

나무 문해력 익히기
□에 알맞은 말을 쓰세요.

「토끼와 거북」을 다시 생각하기
경주 승패의 원인들과 결과들을 따져 봄
결론: 토끼와 거북의 달리기 경주는 옳지 않다

이해하기 1
앞의 동시에 표현된 '원인과 결과'입니다. □에 알맞은 낱말을 쓰세요.

결과: 토끼는 뛰어가고, 거북은 기어간다.
원인: 토끼는 땅에서 살고, 거북은 주로 물에서 산다.

이해하기 2
경주하던 토끼가 낮잠을 잔 원인에 해당하는 이유에 밑줄을 치세요.

토끼는 원래 낮잠 자는 것을 즐기는 동물이므로.
토끼가 달리기 경주에 지쳐서 기운을 차리려고.
불리한 경주를 하고 있는 거북에게 승리를 양보하느라고.
토끼가 거북의 경주 능력을 깔보아서.

판단하기
동시의 제목이 왜 '이상한 경주'일까요? 적절하지 않은 이유에 밑줄 치세요.

토끼와 거북의 달리기 경주 능력에 큰 차이가 있으므로.
애초에 두 동물의 달리기 경주는 마땅하지 않으므로.
토끼는 빨리 뛸 수 있고, 거북은 기어갈 수밖에 없으므로.
수영 경기를 해야 할 것을 달리기 경주를 했으므로.

사용하기

토끼가 낮잠을 자지 않았다면 달리기 경주 결과는 어떠했을까요? 자연스럽지 않은 대답에 밑줄을 치세요.

토끼가 거북보다 빠르므로 당연히 토끼가 경주에서 이긴다.
토끼가 일부러 천천히 걷다가 결승점 직전에 거북을 앞지른다.
일찍 결승점에 도착한 토끼가 그늘에서 쉬며 거북을 기다린다.
토끼가 거북에게 경주를 그만두고 수영 경기를 하자고 조른다.

참여하기

앞의 동시에서, 토끼는 땅에서 살고, 거북은 주로 물에서 사는 원인으로 '서로 다른 곳에 살아가야 서로 오래 살아남는다.'라고 했어요. 이 말은 무슨 뜻을 담고 있을까요? 과학적으로 생각해 보고 답변하세요.

세상의 모든 동물이 땅에서만 산다면 어떨까요? 만약에 강물이나 호수, 바다에 사는 동물들의 몸이 땅에서 살기에 적합해져서 물을 떠나 땅에서 살게 된다면 그들은 서로 경쟁 생활이 무척 심해질 것입니다. 다행히 동물들은 땅과 물에 나누어 살아가고 있습니다. 더욱이 육상 동물들은 땅에서도 땅 위, 땅속, 공중에서 나누어 살아갑니다. 동물들이 일부러 서로 복잡하게 얽히지 않으려고 떨어져 사는 것입니다. 그래야 서로 오래 살아남기 때문일 것입니다.

4 책을 소개하고 독서 감상문 쓰기

나무 문해력 익히기

□에 알맞은 말을 쓰세요.

읽은 책을 친구들에게 소개하면 좋은 점
독서 감상문 쓰는 방법
독서 감상문을 쓰면 좋은 점

이해하기 1

독서 감상문에 꼭 써야 할 내용은 무엇인가요? 보기에서 하나 골라 밑줄 치세요.

책을 추천한 사람이 누구인지 밝힌다.
책을 언제 어디에서 구했는지를 밝힌다.
읽은 책에 대한 나의 생각과 느낌을 밝힌다.
책의 줄거리를 죽 나열한다.

이해하기 2

한자어 풀이입니다. □에 알맞은 말을 쓰세요.

'감상문'의 감상(感想)은 한자어이다.
'느낄 감(感)', '생각할 상(想)'이다.

판단하기

앞의 글에 따르면, '읽은 책을 친구에게

소개하면 좋은 점'과 '독서 감상문을 쓰면 좋은 점'에는 공통점이 있습니다. 그 공통점에 밑줄 치세요.

읽은 책에 대하여 대화를 나눌 수 있다.
독서의 기쁨과 감동을 느낄 수 있다.
책 소개를 하며, 감상문을 쓰며 <u>책 내용이 머릿속에 정리된다.</u>
자기 경험을 떠올리며 책을 읽을 수 있다.

사용하기
읽은 책을 친구들에게 소개할 때 적절하지 않은 태도를 보기에서 골라 밑줄 치세요.

소개하는 책을 왜 읽게 되었는지를 얘기한다.
책을 읽는 동안 감명 깊었던 내용을 소개한다.
책 내용 중에서 아쉬웠던 점을 얘기한다.
<u>소개하는 책을 꼭 사서 읽으라고 강조한다.</u>

참여하기
앞의 글에 따르면, 읽은 책을 친구들에게 소개한다는 것은 그 책을 놓고 '나와 친구들을 더하는 일'이며, 독서 감상문을 쓰는 것은 읽은 책에 대하여 '나와 나를 더하는 일'입니다. 왜 독서 감상문을 쓰는 것이 '나와 나를 더하는 일'이 될까요? 곰곰이 생각하여 쓰세요.

<u>앞의 글에서 글쓴이는 '더하는 일'을 '친해지는 활동'에 비유했습니다. 친구에게 읽은 책을 소개하면서 친구와 친해질 테니까요. 그런 의미에서 '나와 나를 더하는 일'은 '나와 나 자신이 친해지는 활동'입니다. 독서 감상문을 쓰는 동안 가만히 살펴보면 나는 나 자신의 느낌과 생각을 알아차리게 될 것입니다. 나 자신의 생각과 느낌을 알아가는 활동은 나 자신과 친해지게 만들 것입니다.</u>

수학 3학년

5 평면도형의 요소들

나무 문해력 익히기
□에 알맞은 말을 쓰세요.

선분, 반직선, 직선
도형, 각, 꼭짓점, 변
직각, 삼각형, 직각삼각형
사각형, 직사각형, 정사각형

이해하기 1
세 가지 '곧은 선'에 대한 설명입니다. □에 알맞은 낱말을 쓰세요.

선분은 두 개의 점 사이를 곧게 이은 선이다.
직선은 양쪽으로 끝없이 이어진 곧은 선이다.
반직선은 한 개의 점에서 어느 한쪽으로 끝없이 이어진 곧은 선이다.

이해하기 2
두 평면도형에 대한 설명입니다. □에 알맞은 낱말을 쓰세요.

직각이 하나 있는 삼각형의 이름은 직각삼각형이다.
직사각형은 4개의 각이 모두 직각인 사각형이다.

판단하기
직사각형과 정사각형의 공통점입니다. 잘못된 문장에 밑줄 치세요.

4개의 선분과 4개의 각으로 이루어진 도형이다.
4개의 변의 길이가 모두 같다.
4개의 각이 모두 직각인 사각형이다.

사용하기
'점 A'와 '점 B' 사이에 곧은 선이 있습니다. 그 이름으로 올바른 것에 밑줄 치세요.

'직선 A B' 또는 '직선 B A'
'선분 A B' 또는 '선분 B A'
'반직선 A B' 또는 '반직선 B A'

참여하기
직각이 하나 있는 삼각형의 이름은 '직각삼각형'입니다. 4개의 각이 모두 직각인 사각형의 이름은 '직사각형'입니다. 왜 사람들은 직사각형을 '직각사각형'이라고 부르지 않을까요? 곰곰이 생각하여 쓰세요.

직각삼각형은 '직각이 하나' 있음을 강조하기 위하여 '직각'삼각형이라고 이름 붙였을 것입니다. 반면에 직사각형은 사각형을 이루는 4개의 모든 각이 직각이므로 굳이 직각을 강조할 필요가 없었을 듯합니다. 이 두 도형의 우리말 이름을 붙인 수학자가 그 까닭을 밝힌 것을 발견하지 못하여 분명히 알 수는 없지만 말입니다.

6 나눗셈

나무 문해력 익히기
□에 알맞은 말을 쓰세요.

나눗셈의 쓰임새
나눗셈과 뺄셈의 비교
몫과 나머지
0으로는 나눌 수 없다
나눗셈은 공평을 위한 셈법

이해하기 1
나눗셈에 대한 설명입니다. □에 알맞은 말을 쓰세요.

나눗셈은 몫과 나머지를 구하는 셈법이다.

이해하기 2
나눗셈에 대한 설명입니다. □에 알맞은 말을 쓰세요.

나눗셈은 뺄셈보다 빠르고 편리하게 몫을 구할 수 있는 셈법이다.

판단하기
빵 2개를 3명이 공평하게 나누어 먹으려면 어떻게 나누면 될까요? 적절히 대답한 문장에 밑줄 치세요.

가위 바위 보를 하여 이긴 두 사람이 각각 빵 1개씩 갖는다.
한 사람이 빵 1개를 갖고 다른 두 사람이 빵 1개를 반으로 잘라 나누어 갖는다.
빵 1개를 3등분하여 3명이 나누어 갖고, 다른 빵 1개도 그렇게 나누어 갖는다.

사용하기
콩떡 45개를 8명에게 같은 개수로 나누어 주려고 합니다. 한 사람당 '몫'은 몇 개일까요? 그리고 '나머지'는 몇 개가 될까요? 알맞은 개수를 □에 쓰세요.

몫: 5
나머지: 5

참여하기
덧셈, 뺄셈을 먼저 배우고, 곱셈과 나눗셈은 나중에 배웁니다. 그 까닭은 무엇일까요? 경험을 머릿속에 떠올려 쓰세요.

곱셈은 덧셈을 알아야 이해할 수 있는 셈법입니다. 예를 들어, 3×4=12. 이 곱셈은 '3+3+3+3=12'를 의미하기 때문입니다. 마찬가지로 나눗셈은 뺄셈을 알아야 이해할 수 있는 셈법입니다. 예를 들어, 8÷4=2. 이 나눗셈은 '8-4=4. 그리고 4-4=0'을 의미하기 때문입니다(두 번 뺐으므로 몫은 2). 그러므로 곱셈과 나눗셈을 하려면 우선 덧셈과 뺄셈을 할 줄 알아야 합니다.

7 분수와 소수

나무 문해력 익히기
□에 알맞은 말을 쓰세요.

0보다 크고 1보다 작은 수
분수의 의미
분모와 분자
가분수, 진분수, 대분수
소수의 의미
분수의 계산을 쉽게 하는 소수

이해하기 1
분모와 분자의 한자 풀이입니다. □에 알맞은 말을 쓰세요.

분모의 한자는 '나눌 분(分)', '어머니 모(母)'이며,
분자의 한자는 '나눌 분(分)', '아들 자(子)'이다.

이해하기 2
분수의 종류와 뜻풀이의 대응이 알맞게 선을 연결하세요.

진분수 • • 가분수를 보기 쉽게 나타낸 분수
가분수 • • 분자가 분모보다 작은 분수
대분수 • • 분자가 분모와 같거나 큰 분수

판단하기
가분수를 대분수로 바꿔 나타내는 까닭은 무엇일까요? 그 설명으로 알맞은 문장에 밑줄 치세요.

가분수는 '0보다 크고 1보다 작은 수'이므로 대분수로 바꾸는 것이다.
가분수를 진분수로 만들기 위하여 대분수로 바꾸는 것이다.
가분수의 크기를 줄이기 위하여 대분수로 바꾸는 것이다.
가분수를 대분수로 바꾸어 나타내면 수의 크기를 알아보기 쉽기 때문이다.

사용하기
소수보다 분수를 사용하면 계산하기가 더 편리한 경우가 있습니다. 그 경우를 나타낸 모든 문장에 밑줄 치세요.

세 명이 피자 한 판을 나누어 먹을 때.
1.5L짜리 콜라 다섯 병의 용량을 더할 때.
소고기 0.6kg을 3등분한 무게를 알아낼 때.
여덟 명에게 수박 한 통을 공평하게 나누어 줄 때.

참여하기

소수(小數)의 한자는 '작을 소(小)', '셈 수(數)'입니다. 소수의 이름에는 왜 '작을 소(小)' 자를 붙였을까요? 곰곰이 생각하여 쓰세요.

소수도 분수처럼 원래는 '0보다 크고 1보다 작은 수'를 나타내기 위해 만든 수입니다. 줄여서 말하면, 소수는 '1보다 작은 수'입니다. 자연수 중에서 가장 작은 수가 1인데, 그 1보다도 작은 수가 소수이므로, 그 이름에 '작을 소(小)' 자를 붙이지 않았을까요?

8 지름과 반지름이 있는 평면도형

나무 문해력 익히기
□에 알맞은 말을 쓰세요.

바퀴 모양은 모서리가 없는 원형
반지름과 지름
원에만 있는 선분: 반지름, 지름
원을 쉽게 그리는 방법

이해하기 1
'원의 중심에서 원둘레의 한 점에 이르는 선분'을 무엇이라고 할까요? 그 낱말에 밑줄 치세요.

지름
반지름
모서리

원

이해하기 2
'지름'의 뜻으로 올바른 문장에 밑줄 치세요.

원에만 있는 선분.
원의 중심에서 원둘레까지의 길이.
원둘레의 한 점에서 원의 중심을 통과해 맞은편 원둘레의 한 점까지 이어진 선분.
원의 중심에서 원둘레까지의 길이가 어느 방향에서든 똑같은 도형.

판단하기
'지름의 길이가 가장 긴 원'을 나타낸 문장에 밑줄 치세요.

이 원은 '원의 중심에서 원둘레까지의 길이가 15cm'이다.
이 원은 '원둘레의 한 점에서 원의 중심을 통과해 맞은편 원둘레의 한 점까지 이어진 선분의 길이가 20cm'이다.
이 원은 '양쪽 다리 사이의 길이를 17cm로 고정시킨 컴퍼스로 그린 원'이다.

사용하기
컴퍼스가 없었던 옛날에는 무엇으로 원을 그렸을까요? 대답으로 적절한 문장에 밑줄 치세요.

한 손에 연필을 쥐고 눈대중으로 원을 그렸다.

둥그런 그릇의 테두리를 도구로 사용해 원을 그렸다.
두 개의 막대 사이에 끈을 묶어서 원을 그렸다.
바퀴의 테두리를 도구로 사용해 원을 그렸다.

참여하기
원, 타원, 원형, 동그라미, (공 모양인) 구(球). 이 다섯 가지 도형의 차이점을 구별하여 서술하세요.

원, 타원, 원형, 동그라미는 모두 평면도형입니다. 구는 입체도형입니다. 원형, 동그라미는 원에 가까운 도형이며, 길쭉하지 않은 타원도 원에 가까운 도형입니다. 하지만 원형, 동그라미, 타원은 원이 아닙니다. 원이 되려면 반드시 원둘레가 원의 중심에서 같은 거리에 있어야 하기 때문입니다. 그래서 얼핏 보면 원 같아 보이는 '원형, 동그라미, 타원'은 원의 조건을 갖추었다고 단정할 수 없습니다. 구는 원의 도형 조건을 삼차원으로 갖춘 입체도형입니다.

사회 3학년

9 다양하게 나타낸 고장의 모습

나무 문해력 익히기
□에 알맞은 말을 쓰세요.

경험과 관심으로 그린 고장 모습의 그림
조감도: 높은 곳에서 내려다본 그림이나 지도
디지털 영상 지도: 실물 지도, 일반 지도, 백지도
주제도: 주제별로 나타낸 지도

이해하기 1
'새처럼 높은 곳에서 내려다본 그림이나 지도'를 뜻하는 낱말에 밑줄 치세요.

디지털 영상 지도
백지도
일반 지도
조감도

이해하기 2
디지털 영상 지도에 대한 설명입니다. □에 알맞은 낱말을 쓰세요.

디지털 영상 지도는 지구 바깥에서 인공위성이 촬영한 지도이다.

해답

169

판단하기
'주제도'에 해당하는 문장에 밑줄 치세요.

잘 아는 장소, 좋아하는 장소, 남들에게 알리고 싶은 장소를 그린 그림.
높은 산꼭대기에서 내려다본 고장의 모습을 그린 지도.
전동 열차 노선을 그린 지도.
고장의 여러 정보를 써 넣기 위한 기본 지도.

사용하기
디지털 영상 지도를 보여 주는 웹 사이트에서 우리 고장의 문화유산이 있는 장소를 찾고자 합니다. 검색어로 적절하지 않은 낱말에 밑줄 치세요.

궁궐
도서관
박물관
성곽
왕릉

참여하기
디지털 영상 지도는 '일반 지도'로 볼 수도 있고, '실물 지도'를 선택하여 볼 수도 있습니다. 그런데 사람들은 대개 '일반 지도'로 봅니다. 그 까닭은 무엇일까요? 스스로 생각하여 쓰세요.

첫 번째 까닭은, 웹 사이트에서 보여주는 디지털 영상 지도는 우선 '일반 지도'를 보여주기 때문일 겁니다. 그 상태에서 '실물 지도'를 선택해야만 실물 지도를 볼 수 있기 때문에 그것을 잘 모르는 사람들은 '일반 지도'로만 지도를 볼 것입니다. 두 번째 까닭은, '일반 지도'가 '실물 지도'보다 도로와 건물 등을 알아보기 쉽게 나타내 주고 있기 때문일 겁니다. '일반 지도'는 지도를 간단하게 표현하기 때문입니다.

10 고장의 문화유산

나무 문해력 익히기
□에 알맞은 말을 쓰세요.

문화유산의 의미
유형 문화유산: 건물, 건축, 불상, 탑, 책, 과학 발명품, 그림, 공예품
무형 문화유산: 민요, 판소리, 민속 음악, 민속춤, 민속 공예 기술, 민속 건축 기술
인간 문화재

이해하기 1
'문화유산'의 뜻풀이입니다. □에 알맞은 낱말을 쓰세요.

조상 대대로 전해 온 문화 중에서
다음 세대에 물려줄 만한 소중한 것

이해하기 2
유형 문화유산이 아닌 문화유산에 밑줄

치세요.

불국사 석가탑
민속 공예 기술
『난중일기』
향교

판단하기
오른쪽의 문화유산이 '유형 문화유산'인지 '무형 문화유산'인지 구별하여 그 대응에 알맞게 선으로 연결하세요.

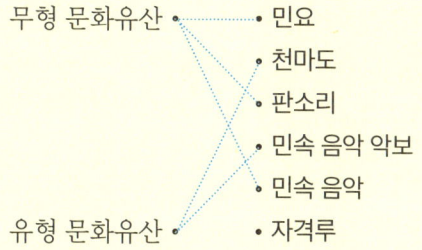

사용하기
경상북도 경주를 다녀와 일기를 썼습니다. 일기에 나오는 문화유산 중에서 유형 문화유산에는 붉은색으로 밑줄을 치고, 무형 문화유산에는 파란색으로 밑줄 치세요.

불국사에서 본 다보탑의 모양은 매우 독특했다. 그것은 일반적인 민속 건축 기술로 쌓은 전통 석탑과 달랐다. 그런 예술의 멋을 인간문화재들이 이어서 전수하면 좋겠다.

참여하기
인간문화재는 사람입니다. 그래서 인간문화재는 형체가 있는 문화유산인 듯한데 왜 유형 문화유산이 아닌 무형 문화유산으로 지정했을까요? 그 까닭을 쓰세요.

인간문화재는 사람이지만, 그 사람 자체가 문화유산은 아닙니다. 그분이 간직한, 문화유산을 전수할 수 있는 재능과 기술이 바로 문화유산입니다. 재능과 기술은 문화유산을 만들어 내지만, 재능과 기술 자체는 형체가 없으므로 인간문화재를 '무형 문화유산'으로 구별 지은 것입니다.

11 옛날과 오늘날의 통신 수단

나무 문해력 익히기
□에 알맞은 말을 쓰세요.

통신 수단의 의미
옛날의 통신 수단: 서찰, 파발, 방(榜), 신호 연, 봉화, 북, 새
오늘날의 통신 수단: 편지, 휴대 전화, 라디오, 텔레비전, 컴퓨터, 내비게이션

이해하기 1
옛날에는 급히 알릴 일이 생기면 여러 방법으로 서둘러 전했습니다. 그 방법이 아닌 것에 밑줄 치세요.

파발
봉화
신호 연
방(榜)
북

이해하기 2
'파발'의 뜻풀이입니다. □에 알맞은 말을 쓰세요.

옛날에 나라의 문서를 급히 보내기 위하여 지방 곳곳에 설치한 장소나 그곳에서 일하는 사람

판단하기
옛날 통신 수단 중에는 '봉화, 파발, 신호 연, 북, 훈련된 새'가 있습니다. 편지글을 담은 '서찰'이 있는데 왜 굳이 이런 통신 수단을 사용했을까요? 맞는 말에 밑줄 치세요.

서찰을 전달하는 심부름꾼을 구하기가 불편했기 때문이다.
봉홧불을 피우고, 신호 연을 띄우는 게 더 쉬웠기 때문이다.
훈련된 새가 심부름꾼보다 편지 전달을 더 잘했기 때문이다.
급한 일을 사람이 직접 가서 편지로 알리려면 시간이 더 많이 걸렸기 때문이다.

사용하기
옛날의 통신 수단과 오늘날의 통신 수단 중에서 비슷한 성격으로 묶은 것에 밑줄 치세요.

봉화 / 휴대 전화
파발 / 내비게이션
서찰 / 편지
신호 연 / 텔레비전

참여하기
오늘날의 통신 수단은 무척 발달했습니다. 통신을 실시간으로 전달할 수 있을 뿐더러 여러 탁월한 기능을 갖추고 있어서 옛날의 통신 수단에 비하면 장점이 많습니다. 그럼, 오늘날의 통신 수단에 비하여 옛날의 통신 수단의 장점은 무엇일까요? 곰곰이 생각하여 쓰세요.

옛날의 통신 수단은 오늘날 통신 수단에 비해 훨씬 많은 정성이 따릅니다. 서찰만 해도 먹을 갈고 종이에 붓글씨를 써서 심부름꾼에게 말을 전달하여 보냈으니까요. 하지만, 그런 정성이 그 서찰을 받는 사람에게도 전달될 것입니다. 통신은 정보뿐만 아니라 생각과 마음을 담은 소식도 주고받는 활동이므로 '정성'을 전달하는 것은 큰 장점이 될 것입니다.

12 자연환경에 따른 의식주 생활

나무 문해력 익히기
□에 알맞은 말을 쓰세요.

의식주의 뜻과 중요성
자연환경에 따른 의생활(衣生活)
자연환경에 따른 식생활(食生活)
자연환경에 따른 주생활(住生活)

이해하기 1
'의식주'의 뜻에 알맞은 낱말을 □에 쓰세요.

의식주는 옷과 음식과 집을 통틀어 이르는 말이다.

이해하기 2
자연환경에 따른 의생활의 설명입니다. 옳은 문장에 밑줄 치세요.

제주도는 바람이 세고 돌이 많아서 집을 지을 때는 돌을 많이 사용했다.
옛날부터 바다와 가까운 고장에서는 여러 생선과 젓갈을 자주 먹는다.
무척 추운 지역의 사람들은 동물의 털이나 가죽으로 만든 옷을 입는다.

판단하기
'의식주'의 역할입니다. □에 알맞은 낱말을 쓰세요.

옷은 사람의 몸을 보호해 주고,
음식은 사람에게 영양분을 주고,
집은 사람을 안전하고 편안하게 해 준다.

사용하기
뜨거운 햇빛과 모래바람을 막으려고 온 몸을 휘감는 긴 옷을 입고, 머리에도 천을 둘러 감는 의생활을 하는 사람들이 생활하는 곳은 어디일까요? 알맞은 지역에 밑줄 치세요.

남아메리카 밀림
시베리아 벌판
서아시아 사막
동아시아 섬

참여하기
의, 식, 주 중에서 가장 우선하는 것 두 가지만 고른다면 무엇일까요? 스스로 생각하여 고르고, 고른 까닭을 쓰세요.

음식을 먹지 않으면 생명을 유지할 수 없으니 식(食)이 가장 우선입니다. 그다음 중요한 것은 무엇일까요? 의(衣)가 아닐까요? 아프리카 같은 지역이라면 옷이 없어도 생존에 큰 문제가 되지 않겠지만, 그 밖의 지역, 특히 기온이 낮은 지역에서는 옷을 입지 않으면 체온을 유지하기 어려울 테니까요. 물론, 주(住)도 있어야겠지만, 경우에 따라서는 불쌍한 노숙인처럼 지하도나 다리 아래 같은 곳에서 추위와 비를 피할 수도 있을 테니 의식주 중에서 두 가지만 고른다면 음식과 옷이 우선이겠습니다.

해답

과학 3학년

13 동물의 한살이

나무 문해력 익히기
□에 알맞은 말을 쓰세요.

지구에서 가장 많은 동물: 곤충
곤충의 탈바꿈: 완전 탈바꿈, 불완전 탈바꿈
동물의 한살이
동물의 번식 방법: 난생, 태생
동물의 종족 유지 방법

이해하기 1
지구에서 가장 많은 동물은 어떤 종류일까요? 그 종류에 밑줄 치세요.

새
물고기
곤충
포유류
파충류

이해하기 2
곤충의 '완전 탈바꿈'은 네 단계입니다. 그 세 번째 단계는 무엇인가요? □에 그 낱말을 쓰세요.

알 → 애벌레 → 번데기 → 성충

판단하기
곤충과 물고기처럼 한 번에 많은 알을 낳는 동물은 새끼들을 전혀 돌보지 않습니다. 그 까닭으로 옳지 않은 문장에 밑줄 치세요.

알로 태어난 새끼의 수가 너무 많아서 일일이 돌볼 수 없기 때문.
많은 수의 새끼 중에서 일부는 살아남기 때문.
알로 태어난 새끼는 돌보지 않아도 생존할 가능성이 높기 때문.
많은 수의 알을 낳아 번식 성공 가능성을 높일 수 있기 때문.

사용하기
잠자리는 '불완전 탈바꿈' 하는 곤충입니다. 잠자리는 보기 중에서 어떤 과정을 거치지 않나요? 알맞은 낱말에 밑줄 치세요.

애벌레
번데기
알
성충

참여하기
포유류 등의 다른 동물들은 태어난 상태에서 몸의 크기만 자랄 뿐, 탈바꿈은 하지 않습니다. 그런데 왜 곤충은 서너 과정의 탈바꿈을 할까요? 곤충이 탈바꿈을 하는 까닭을 곰곰이 생각하여 쓰세요.

곤충은 몸이 '머리, 가슴, 배'로 구분되고 다리는 여섯 개인 동물입니다. 그런데 곤충의 피부는 다른 동물에 비해 딱딱합니다. 딱딱한 피부는 몸이 자라는 것을 방해합니다. 그래서 곤충은 '알 → 애벌레 → (번데기) → 성충'의 과정을 거치며 전혀 다른 모습으로 성장합니다. 그러므로 곤충이 탈바꿈을 하는 까닭은 탈바꿈을 하지 못하면 성장할 수 없기 때문입니다.

14 자석의 양극

나무 문해력 익히기
□에 알맞은 말을 쓰세요.

자기(자석)의 의미
나침반의 발명과 쓰임
자기(자석)의 원리: N극과 S극

이해하기 1
□에 알맞은 말을 쓰세요.

자기는 철(쇠)을 끌어당기거나 남쪽이나 북쪽을 가리키는 자연 성질을 갖고 있다.

이해하기 2
'나침반 바늘'의 성질입니다. □에 알맞은 말을 쓰세요.

S극은 언제나 지구의 남쪽을 가리키고, N극은 항상 지구의 북쪽을 가리킨다.

판단하기
자기(자석)의 성질에 대한 설명으로 옳은 문장에 모두 밑줄 치세요.

S극과 N극은 서로 밀어낸다.
S극과 N극은 서로 잡아당긴다.
N극과 N극은 서로 밀어낸다.
S극과 S극은 서로 잡아당긴다.

사용하기
북쪽으로 가야 하는 나그네가 있습니다. 그는 나침반을 보고 갈 것입니다. 옳은 판단에 밑줄 치세요.

나침반의 N극이 가리키는 방향으로 가야 한다.
나침반의 S극이 가리키는 방향으로 가야 한다.
나침반의 N극이 가리키는 방향의 왼쪽으로 가야 한다.
나침반의 S극이 가리키는 방향의 오른쪽으로 가야 한다.

참여하기
'지구 자체가 커다란 자석'이라는 것을 어떻게 알 수 있을까요? 나침반의 기능을 생각하여 답변하세요.

N극과 S극을 찾아 가리키는 나침반 바늘은 지구의 북극을 향해서는 항상 N극을 가리키고, 남극을 향해서는 항상 S극을 가리킵니다. 지구의 북극은 S극의 자기가 흐르고, 지구의 남극은 N극의 자기가 흐르기 때문입니다. 그러므로 지구는 아주 커다란 자석이라고 말할 수 있습니다.

15 달에는 없고 지구에는 있는 것

나무 문해력 익히기
□에 알맞은 말을 쓰세요.

달에는 없고 지구에는 있는 것: 공기
달에는 없고 지구에는 있는 것: 물
달에는 없고 지구에는 있는 것: 알맞은 온도
달에는 없고 지구에는 있는 것: 생물
달에는 없고 지구에는 있는 것: 위성
지구에 있는 게 달에도 있다면
달의 상태
달과 지구의 같은 점

이해하기 1
앞의 동시의 내용입니다. □에 알맞은 낱말을 찾아 쓰세요.

달에는 없고 지구에는 있어요.
그것은 생물이에요.
지구에는 동물과 식물이 많아요.

이해하기 2
지구에도 있고 달에도 있는 것에 밑줄 치세요.

물
공기
온도
위성
생물

판단하기
자연 상태의 달에서는 왜 생물이 살 수 없을까요? 알맞은 대답에 모두 밑줄 치세요.

지구에 비하여 달의 크기가 너무 작기 때문이다.
지구에는 있는 위성이 달에는 없기 때문이다.
달에는 공기와 물이 없기 때문이다.
달에서 밤은 너무 춥고 낮은 너무 뜨겁기 때문이다.
지구의 동물과 식물이 없기 때문이다.

사용하기
달에서도 사람이 살 수 있으려면 달의 자연환경이 어떠해야 할까요? 적절하지 않은 대답에 밑줄 치세요.

숨을 쉴 수 있는 공기가 충분히 있어야 한다.
마시고 사용할 수 있는 물이 충분히 있어야 한다.

지구와 달을 왕래할 수 있는 우주선이 만들어져야 한다.
생활하기 알맞은 온도에서 거주할 수 있어야 한다.

참여하기
앞의 동시는 달에는 없고 지구에는 있는 것을 비교합니다. 그중 네 가지는 자연환경입니다. 그 네 가지 환경 조건이 무엇인지 서술하세요.

첫 번째는 '충분한 공기'입니다. 산소, 질소, 이산화탄소 등이 그것입니다. 두 번째는 '충분한 물'입니다. 바닷물과 민물이 그것입니다. 세 번째는 '알맞은 온도'입니다. 봄, 여름, 가을, 겨울의 기온이 그것입니다. 네 번째는 '다양한 생물'입니다. 동물, 식물, 미생물 등이 그것입니다. 이 네 가지 자연환경이 달에도 있다면 사람은 달에서도 살아갈 수 있을 것입니다.

16 지표의 변화

나무 문해력 익히기
□에 알맞은 말을 쓰세요.

지표의 의미
풍화 작용
침식 작용
퇴적 작용
퇴적된 흙: 개펄, 황토, 모래
흙의 소중함과 자연의 이치

이해하기 1
□에 알맞은 말을 쓰세요.

지각은 '지구의 바깥쪽을 차지하는 범위'를 뜻하며,
지표는 '땅의 겉면'을 뜻한다.

이해하기 2
암석이 바위와 돌과 흙이 되면서 죽은 생물의 부스러기까지 함께 섞여 땅에 켜켜이 쌓이는 자연 현상을 무엇이라고 하나요? 맞는 말에 밑줄 치세요.

풍화 작용
침식 작용
퇴적 작용
퇴화 작용

판단하기
퇴적된 흙에 대한 설명입니다. 틀린 설명에 밑줄 치세요.

바닷가의 완만한 지형의 흙은 곱게 퇴적되어 개펄을 이룬다.
산에는 죽은 생물의 부스러기가 섞여 쌓인 황토 흙이 많다.
암석으로 이루어진 산의 흙은 대부분이 진흙이다.
맑은 강물 바닥이나 건조한 기후 환경의

흙은 모래가 많다.

사용하기
초등학교 3학년 학생이 산속 계곡에서 휴가를 보낸 날 쓴 일기입니다. □에 알맞은 말을 쓰세요.

옛날부터 이 계곡물은 계속 하류로 흘렀을 것이다. 오랜 세월 동안 암석이 깨져 바위가 되고, 바위가 깨져 돌이 되고, 돌이 부서져 흙이 되면서 그 흙은 계곡물에 휩쓸려 아래쪽으로 이동했을 것이다. 과학 수업에서 배웠다. 이런 지표의 변화가 '침식 작용'이라고.

참여하기
학교 운동장에는 대개는 모래흙이 덮여 있습니다. 그 모래흙이 운동장에 와 있기까지 어떤 과정이 있었을까요? 풍화 작용을 비롯한 여러 자연 현상을 생각하여 답변하세요.

풍화 작용, 침식 작용, 퇴적 작용을 거치는 긴 세월 동안 암석이 쪼개져 바위가 되고, 바위가 쪼개져 돌멩이가 되고, 돌멩이가 부서져 모래가 되고, 모래가 더 부스러져 모래흙이 되었을 겁니다. 모래흙이 되기까지 물을 따라 산에서 강으로, 강에서 바닷가로 이동했을 겁니다. 그러므로, 학교 운동장의 모래흙은 어느 하천이나 어느 바닷가에서 덤프트럭으로 실어 날라졌을 것입니다.